Selbstbewusst
und richtig gut drauf

freundin
RATGEBER

Beatrice Poschenrieder

Selbstbewusst und richtig gut drauf

Das schöne Gefühl, sich selber gut zu finden
Die eigene Persönlichkeit entfalten

Im FALKEN Verlag sind zahlreiche Titel zum Thema Partnerschaft, Beruf etc. erschienen. Bitte fragen Sie in Ihrer Buchhandlung.

ISBN 3 8068 1893 2

Herausgeber: Eberhard Henschel/Chefredaktion freundin
Redaktion: Karin Schulze-Langendorff, Regine Gamm/FALKEN Verlag
        Edda Küffner/freundin
Herstellung: Petra Zimmer/FALKEN Verlag
Titelbild: IMAGE BANK, David de Lossy
Illustrationen: Heiner-K. Alfaenger, Eschborn

Die Ratschläge in diesem Buch sind von der Autorin und vom Verlag sorgfältig erwogen und geprüft, dennoch kann eine Garantie nicht übernommen werden. Eine Haftung der Autorin bzw. des Verlags und seiner Beauftragten für Personen-, Sach- und Vermögensschäden ist ausgeschlossen.

Satz: Raasch & Partner GmbH, Neu-Isenburg
Druck: Wiesbadener Graphische Betriebe GmbH, Wiesbaden

817 2635 4453 6271

Inhaltsverzeichnis

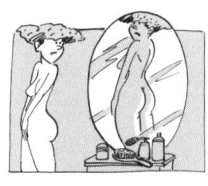

Neulich fragte mich jemand: „Wofür bist du am dankbarsten?" Ich antwortete spontan: „Dass es mich gibt." Da wurde mir erst klar, dass ich wohl endlich einigermaßen mit mir im Reinen bin. Ich habe eine ganze Weile gebraucht, um mich von der unsicheren, von Selbstzweifeln gebeutelten Landpomeranze zur unbefangenen, geselligen, durchsetzungsfähigen Großstadtpflanze zu wandeln – zum Teil mit Hilfe der Strategien, die ich Ihnen in diesem Buch vorstelle. Es ist angenehm zu wissen, wer man ist, und das auch nach außen vertreten zu können. Man entwickelt eine wohltuende Gelassenheit den täglichen Sorgen und Nöten gegenüber, ärgert sich seltener, hat weniger Frust. Man schläft besser, ist in der Lage, das Leben zu genießen – mit einem Wort: Selbstbewusstsein macht glücklich.

Aber was ist „Selbstbewusstsein" überhaupt? In der Psychologie bezeichnet es streng genommen nur den Bewusstseinsaspekt: die Kenntnis seiner selbst, seiner Identität, sprich: Es sagt nichts darüber aus, ob jemand es auch lebt. Doch nach dem Verständnis der Allgemeinheit und auch dieses Buches umfasst der Begriff „Selbstbewusstsein" alles: das Wissen um sich selbst – wer bin ich, was kann ich, was will ich – und infolgedessen auch Selbstwertgefühl, Selbstvertrauen, sicheres Auftreten und Selbstbehauptung.

Viele Menschen verwechseln „selbstbewusst" mit „egoistisch", also sich auf Kosten anderer durchzusetzen. Echtes Selbstbewusstsein ist weder aggressiv noch arrogant, weder Größenwahn noch lautstarke Selbstbeweihräucherung. Es bedeutet nicht, dass man seine Mitmenschen weniger achtet als sich selbst. Im Gegenteil: Es ist leichter, andere zu schätzen, wenn man sich selbst schätzt. Man ist großzügiger, lockerer, muss andere nicht heruntermachen, um sich selbst „größer" zu fühlen.

So. Erst die gute Nachricht: Kein Mensch kommt mit Komplexen auf die Welt. So etwas wird erlernt. Und alles, was Sie gelernt haben, können Sie auch wieder verlernen. Jetzt die weniger gute: Das braucht eine gewisse Zeit und vor allem Ihren persönlichen Einsatz. Sprich: Lesen allein reicht nicht. Dieses Buch erfordert Ihre aktive Mithilfe und einen gewissen Zeitaufwand (für den zum Beispiel mal ein Fernsehabend draufgeht). Klingt unbequem, was? Aber Sie wissen ja: Umsonst gibt's nix. Wenn Sie etwas erringen wollen, müssen Sie sich darum bemühen. Überlegen Sie doch mal, wie viel Zeit und Energie Sie schon mit Grübeln und Zaudern verschwendet haben – und damit, Dinge zu tun, die Sie als rundum selbstsicherer Mensch nicht getan hätten! Wollen Sie auch Ihren Anteil am großen Kuchen „Lebensfreude" haben? Wollen Sie endlich aufhören, andere zu beneiden? Dann machen Sie mit!

Die ersten drei Kapitel des Buches befassen sich mit den Grundlagen des Selbstbewusstseinsaufbaus, die folgenden wenden sich den verschiedenen Gebieten zu, in denen Frauen Unsicherheiten haben, und behandeln die typischen Problemfelder. Wozu? Nicht alle Frauen besitzen ein generell schwaches Selbstbewusstsein, aber fast jede hat in zwei oder drei Bereichen „Schwachstellen". Die kann sie im jeweiligen Kapitel nachschlagen – und überspringen, was sie nicht betrifft.

Natürlich kann dieses Buch größtenteils auch von Männern genutzt werden. Es richtet sich jedoch vor allem an Frauen, weil wir's, bedingt durch traditionelle Rollenzuweisungen, schwerer haben, Selbstbewusstsein zu entwickeln und zu zeigen. Aber das ist kein Grund, sich darein zu fügen.

> Viele Therapeuten, Beratungsstellen und Volkshochschulen bieten Selbstsicherheitstraining an – für Gruppen und für Einzelpersonen. Dort können Sie risikolos trainieren und Ihre neu erworbenen Fähigkeiten erproben. Nutzen Sie diese Angebote als Ergänzung zu diesem Buch – oder umgekehrt!

Sicher kennen Sie Frauen, die es trotzdem geschafft haben und die Sie für ihre Selbstsicherheit bewundern. Auch Sie schaffen das mit etwas Ausdauer und Training! Versuchen Sie's schon um der Sache der Frauen willen – je mehr von uns nämlich selbstbewusst ihr Recht fordern, desto eher werden die Strukturen aufweichen, die uns im Weg stehen.

Ein paar kleine Komplexe sind nicht weiter wild – sie bewahren vor Überheblichkeit. Aber wenn wichtige Lebensbereiche eingeschränkt oder Sie sogar krank werden, ist es Zeit, etwas gegen die Komplexe zu tun. Packen Sie's gleich an – vergeuden Sie nicht noch mehr Zeit!

PS: Obwohl dies eher ein „Frauenbuch" ist, verzichte ich der Einfachheit halber darauf, jedes „man" zu „frau" zu machen, überall ein „/in" oder „/innen" anzuhängen und sämtliche „Männerismen" aus meinem Text zu verbannen. Bitte sehen Sie's mir nach.

1. KAPITEL

Mäuschen oder Star, Opfer oder Gewinnerin?

Die Folgen geringen Selbstbewusstseins

Bitte kreuzen Sie an, welche der folgenden 14 Aussagen auf Sie zutreffen. Überlegen Sie beim Antworten nicht zu lange, entscheiden Sie nicht nur vom Kopf her, sondern lassen Sie auch Ihren Bauch sprechen und – versuchen Sie, ehrlich zu sein.

Trifft zu

1. Ich bin häufig frustriert/unzufrieden/fühle mich irgendwie unwohl in meiner Haut. ☐

2. Ich befürchte oft, etwas nicht zu schaffen. ☐

3. Ich leide manchmal daran, irgendwie „anders" als die anderen zu sein. ☐

4. Ich neige in Beziehungen zum „Klammern", habe Angst vor dem Verlassenwerden. ☐

5. Ich fühle mich öfter einsam oder isoliert, knüpfe schwer Kontakte. ☐

6. Ich habe in vieler Hinsicht Schuldgefühle, etwa gegenüber meinen Eltern. ☐

7. Ich habe oft das Gefühl, Geschehnissen machtlos ausgeliefert zu sein („Daran kann ich sowieso nichts ändern" – „Wie ich's auch mache, ich mach's verkehrt"). ☐

8. Ich bin nie zufrieden mit mir/meinem Körper. ☐

9. Ich habe häufige Stimmungstiefs oder sogar Depressionen. ☐

Trifft zu

10. Ich tendiere zu Essstörungen/hohem Zigaretten-
oder Alkoholkonsum/Zwängen (z.B., alles ständig
kontrollieren zu müssen; Putz- oder Wasch-
zwang)/Kaufsucht/Sammelwut/Fernsehsucht/
Idolschwärmerei – oder hänge einer Sekte an.

11. Ich habe chronische/immer wiederkehrende, vermutlich psychosomatische Leiden wie Kreislauf-
störungen, Verkrampfungen/Verspannungen,
Zähneknirschen, Magen-Darm- oder Atem-Be-
schwerden, Asthma, Stimmverlust, Ohnmachten.

12. Ich bin fast ständig nervös/angespannt.

13. Ich bin konfliktscheu, meide Auseinandersetzungen weitmöglichst.

14. Ich tue sehr viele Dinge nur deshalb, um die
anderen nicht gegen mich aufzubringen, und
nicht, weil ich es selbst will.

All diese Dinge können aus einem Zuwenig an Selbstliebe und -ver-
trauen resultieren. Wenn Sie also zwei oder mehr Aussagen angekreuzt
haben, steht es damit bei Ihnen wahrscheinlich auch nicht zum Besten.
Dann sind dieses und die nächsten beiden Kapitel für Sie besonders
wichtig.

„Fast alle psychischen Probleme hängen mit einem Mangel an Selbstwertgefühl und Selbstbewusstsein zusammen", sagt *Dr. Renate Degner*,
eine Berliner Psychotherapeutin mit dem Schwerpunkt Frauentherapie,
weibliche Identität und Depressionen.

US-Autorin *Colette Dowling*, die für ihr Buch „Perfekte Frauen" über
hundert Frauen interviewt hat, merkt dazu an: „Ich lernte, dass trotz
beeindruckenden oberflächlichen Funktionierens viele Frauen immer
noch an kraftraubenden Gefühlen von Unzulänglichkeit leiden. Das
führt oft zu süchtigem Verhalten, zu obsessiver Beschäftigung mit
Körper und Körperbild, zu einem fast unersättlichen Wunsch, Dinge zu
kaufen, zu sammeln, zu essen." Und so weiter.

■ Wenig Selbstbewusstsein – viele Betroffene

Eine aktuelle Umfrage des GEWIS-Instituts für die Zeitschrift „freundin" ergab: Jede zweite Frau zwischen 20 und 35 Jahren leidet unter mangelndem Selbstbewusstsein. Zählt man noch die Frauen hinzu, die nur in manchen Bereichen zu wenig davon besitzen, ist das Ergebnis noch erschreckender. Der Kölner Psychologe *Peter Lauster* schätzt, dass „nur etwa zehn Prozent der Menschen in der Lage sind, sich wirklich frei und ohne Unterdrückung selbst zu entfalten". Falls Sie nicht zu diesem Zehntel gehören, sollten Sie zuerst einmal herausfinden, woher Ihre Selbstbewusstseinsdefizite kommen – um zu erkennen, dass bestimmte Auslöser dahinterstecken und kein „persönliches Versagen". Damit Sie sich nicht auch noch einen Komplex wegen Ihrer Komplexe holen. In der Regel sind es nämlich unglückliche Umstände – wobei da fast immer mehrere zusammenkommen –, die eine *Teufelsspirale* in Gang gesetzt haben, aus der Sie nicht mehr so ohne weiteres herauskommen:

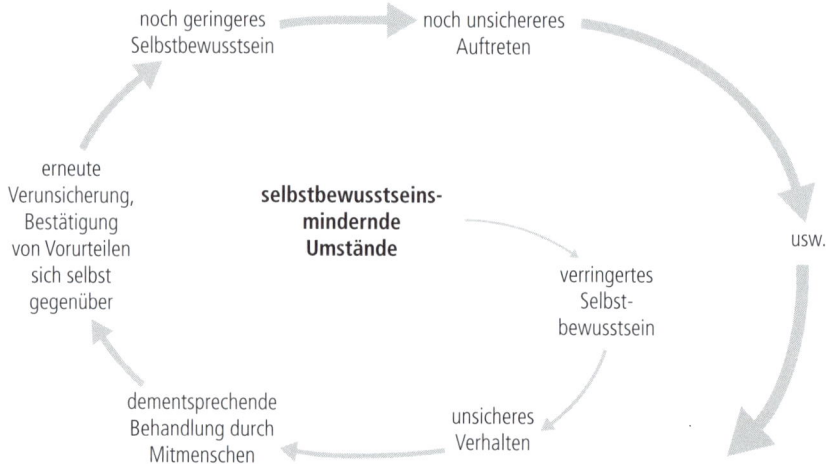

Irgendwo müssen Sie anfangen, aus dieser Spirale auszubrechen. Dieses Buch setzt an zwei Punkten an: bei Ihrer *Einstellung,* also am Selbst-„Bewusstsein", und bei *Verhaltensänderungen* durch entsprechendes Training. Denn ein Einstellungswechsel bleibt nicht von Dauer, wenn er nicht in die Praxis umgesetzt wird, und die schönsten praktischen Übungen nützen nicht viel, wenn jede Menge innere Widerstände bestehen. Beginnen wir mit der Einstellung – das heißt, zunächst einmal mit deren möglichen Wurzeln …

Die Ursachen von Unsicherheit

Hinter „unselbstbewusstem" Verhalten stecken oft *Grundängste:*

1. Angst vor Ablehnung

Diese existentielle Angst wird deutlich in allem, was wir bewusst oder unbewusst tun, um anderen zu gefallen oder bei unseren Mitmenschen nicht anzuecken: Was soll ich bloß anziehen? Setze ich mich durch oder schweige ich besser? Studiere ich Malerei oder lieber was Seriöses? Denn der Mensch ist immer noch ein „Herdentier", ein soziales Wesen: Hat er gegen die Regeln verstoßen, sich lächerlich oder unbeliebt gemacht, muss er befürchten, von der Gemeinschaft abgelehnt und – schlimmstenfalls – ausgestoßen zu werden. Das war für unsere Urahnen lebensbedrohlich; die Angst davor steckt uns auch heute noch im Blut. Wie stark, bestimmen Erziehung und Persönlichkeitsstruktur. Wer auf Anpassung gedrillt wurde oder Einsamkeit fürchtet, kann sich schwerlich über derlei Ängste hinwegsetzen. Die Extremformen sind übersteigerte Opferbereitschaft, die Sucht, anderen gefallen zu wollen, und ständige ängstliche Selbstbeobachtung. Individualpsychologisch kommt hinzu, dass ein kleines Kind auf die Versorgung und die Zuwendung durch die Eltern angewiesen ist. Bei jeder Abwendung muss es befürchten, nicht überleben zu können, also versucht es, den Eltern alles recht zu machen. Und dieses Muster überträgt manch einer später unbewusst auf seine Mitmenschen.

2. Angst vor dem Verletztwerden

Verachtung und Liebesentzug, die sich in Mimik und Gestik ausdrücken, Sticheleien, Beschämung, Ausgelachtwerden, Herabsetzungen schwächen ein ohnehin geringes Selbstwertgefühl noch mehr und kränken so sehr, dass man alles tut, um sich vor derlei Dingen von vornherein zu schützen; ebenso vor Enttäuschung und Frustration, vor dem Verlassenwerden. Um solchen Verletzungen zu entgehen, versucht ein Kind, die Erwartungen der anderen möglichst weit im Voraus zu erahnen und ihnen zu entsprechen. Dem Erwachsenen sind solche Mechanismen oft gar nicht mehr bewusst.

3. Angst vor Bestrafung

Auch sie ist größtenteils eine irrationale unterbewusste Angst, die aus der Kindheit herrührt. Bezugspersonen bestraften einen, wenn man allzu selbstbewusst auftrat oder sich partout durchsetzen wollte – körperlich durch Schläge usw., seelisch durch Drohungen, Herabsetzung, Missbilligung, Nichtbeachtung, mit Strafen wie Hausarrest, Entzug von Taschengeld, Nahrung usw.

4. Angst vor dem Unbekannten

Jedes Handeln bewirkt eine Veränderung, das Resultat ist oft nicht absehbar – das beunruhigt manche Menschen so sehr, dass sie lieber gar nicht handeln. Frauen betrifft das im Durchschnitt stärker als Männer, weil sie immer noch behüteter aufwachsen und weniger zur Selbstständigkeit ermutigt werden. Und wo die Eltern jeden Alleingang gar missbilligen oder bestrafen, wagt man sich künftig kaum noch an Neues heran.

Aber: Ängste an sich sind nicht schuld an Hemmungen. Sondern dass man sich von seinen Ängsten unterkriegen lässt. Sprich: Auch Selbstsichere haben Ängste, aber sie versuchen *aktiv,* sie in den Griff zu bekommen. Anliegen dieses Buches ist nicht, dass Sie alle Ängste loswerden, denn sie haben ja auch ihren Sinn: Sie warnen uns vor möglichen Gefahren und Risiken. Es geht vielmehr darum, dass Sie übermäßige Ängste verringern und lernen, mit ihnen umzugehen, sodass sie Ihrer Selbstentfaltung und Ihrem Glück nicht mehr im Weg stehen.
Zuerst einmal sollte man sich eingestehen, dass man Ängste hat, und sich nicht gleich dafür verurteilen. Ängste sind ganz normale seelische Vorgänge. Fragen Sie sich: Was will mir meine Seele damit sagen?

■ Elternhaus und Familienverhältnisse

Eltern vermitteln ihren Sprösslingen mit Worten, aber auch durch Tonfall und Körpersprache, wie sie zu ihnen stehen bzw. was sie von ihnen erwarten und was nicht. Kleine Kinder betrachten ihre Eltern als eine Art Übermenschen. Sie nehmen an: Was die tun und sagen, ist richtig und wird auch vom Rest der Menschheit vertreten. Sie halten eher sich selbst für schlecht als ihre Eltern. Für ein Kind sind Herabsetzungen und Rollenzuweisungen noch viel prägender als für Erwachsene, weil es sie noch nicht angemessen einordnen und verarbeiten kann, weil es sich noch nicht wehren kann. Gelingt es Ihnen nicht, sich davon loszulösen, werden sie zu Ihrer Wirklichkeit – so, wie Sie sich sehen. Und möglicherweise werden Sie sich immer wieder Menschen und Situationen suchen, die dieses Bild bestätigen. Aber: Niemand zwingt Sie dazu! Es steht Ihnen frei zu entscheiden, ob Sie die Kindheitsrolle weiterspielen wollen. Beim Durchbrechen der alten Muster hilft es zu erkennen, wie sie entstanden sind.

▨ Welche Familienverhältnisse bei Kindern Unsicherheit fördern

☐ *Repressive Familien* dulden keine Abweichungen von ihrer Linie. Gehorsam und Leistung gelten als selbstverständlich und nicht weiter erwähnenswert, mit Lob, Anerkennung und Streicheleinheiten wird gegeizt. Die Eltern kritisieren und schimpfen viel – was man auch macht, man macht es falsch. So verinnerlicht man die Überzeugung: Am besten verhalte ich mich unauffällig und angepasst, dann passiert mir nichts. Ständig wiederholte Kurzformeln wie „Sei brav", „Das tut man nicht" u.a. prägen sich ein und werden zu einem Teil des Ich. Manche Familien geben dem Kind sogar vor, was es denken soll: „Das glaubst du doch selber nicht" oder „Ich weiß, was für dich das Beste ist". Folge: Das Kind traut den eigenen Gedanken nicht.

☐ *Kinderreiche Familien:* Wenn beide Elternteile arbeiten, sind sie bisweilen so überlastet, dass das einzelne Kind zuwenig Zuwendung bekommt. Es muss „funktionieren", damit die ganze Familie funktioniert. Es darf zum Beispiel nicht zu viel reden und fragen, muss seine Bedürfnisse zurückstellen.

☐ *Instabile Familien:* Mal vernachlässigen die Eltern die Kinder, mal verhätscheln sie sie. So kann keine Atmosphäre der Sicherheit und Geborgenheit entstehen. Die Kinder entwickeln kein stabiles Ich.

☐ *Überehrgeizige Eltern:* Der Nachwuchs soll in ihre Fußstapfen treten oder ihre heimlichen Lebensträume verwirklichen („Endlich ein Akademiker in der Familie!", „Du sollst es einmal besser haben als wir!"). Weicht das Kind auch nur ein bisschen vom vorgegebenen Weg ab, bekommt es zu hören: „Aus dir wird nie was werden!" oder „Wie kannst du uns nur so enttäuschen!"

☐ *Eltern mit niedrigem Selbstwertgefühl:* Eltern prägen ihre Kinder nicht nur durch ihr Verhalten, sondern auch durch ihr Vorbild. Sind sie selbst unsicher, kontaktscheu, übervorsichtig, nie mit sich zufrieden, überangepasst, lassen sie kaum Gefühle zu, kann sich das auch auf den Nachwuchs übertragen. Manche dieser Eltern verhindern sogar unter-

schwellig, dass das Kind sie überflügelt. Sie machen ihm selten Mut, sondern sagen: „Bild dir bloß nichts ein!" oder „Dazu bist du eh zu blöd!" oder „Glaubst du, du bist schlauer als ich?" oder „Was denkst du, wer du bist!"

☐ *Überbehütende Eltern:* Sie wollen ihr Kind vor allen üblen Einflüssen beschützen. Folge: Es wird misstrauisch und risikoscheu. Da die Eltern ihm alles abnehmen, berauben sie es der Chance, sich durch seine eigenen kleinen Erfolge Selbstbestätigung zu holen.

☐ *Außenseiter-Familien:* Ein Elternteil ist arbeitslos, Alkoholiker, Spieler, Ausländer, geschieden, hat einen Beruf mit sozial niedrigem Status, die Familie ist arm o. Ä. Selbst wenn die Mitschüler einen dafür nicht hänseln: Schon das Gefühl, anders zu sein oder weniger zu haben als sie, kann ein Kind stark verunsichern.

☐ *Unerwünschte Kinder:* Das sind vor allem solche, die durch den berühmten „Unfall" entstanden sind oder die sonstwie die elterlichen Lebenspläne durchkreuzt haben. In der Regel flößen Vater oder Mutter ihnen Schuldgefühle ein („Wenn ihr nicht wärt, wäre mein Leben anders verlaufen"), die bewirken, dass man sich immer irgendwie als „störend" empfindet. Ähnlich verhält es sich, wenn man zu Verwandten oder ins Internat abgeschoben wird. Noch schlimmer ist es, wenn Kinder misshandelt oder missbraucht werden: Sie fühlen sich so hilflos, dass sie das nicht selten auf alle Lebensbereiche übertragen („Ich kann sowieso nichts bewirken") und diese Hilflosigkeit ein Leben lang mit sich herumschleppen.

Natürlich beeinflussen außer den Eltern (bzw. den Menschen, die das Kind größtenteils erziehen) auch andere die Entwicklung der Persönlichkeit: Lehrer, Verwandte, Nachbarn … Und:

■ Geschwister und Kameraden

Kinder können ganz schön gehässig sein. Gnadenlos ziehen sie darüber her, wenn eines unter ihnen nicht ihren bzw. den elterlichen „Normen" entspricht. (Unter meinen Geschwistern war es gang und gäbe, sich

Nettigkeiten an den Kopf zu werfen wie: „Lach nicht so blöd!" „Red keinen Scheiß!" „Trampel!") Grausam sind oft die Hänseleien, wenn der Spielkamerad aus dem Rahmen fällt: zu dick oder zu klein ist, abstehende Ohren hat oder sonstwie körperlich benachteiligt ist, etwa durch chronische Krankheit oder einen Geburtsfehler.

Und wer zum Außenseiter gebrandmarkt wird, trägt das oft ein Leben lang mit sich herum. In der ersten Klasse saß ich neben einem Mädchen, das so schüchtern war, dass sie sich nicht einmal traute, die Lehrerin zu fragen, ob sie auf die Toilette gehen dürfe. Folge: Es ging buchstäblich in die Hose, sie wurde von der Klasse ausgelacht und trug fortan den Spottnamen „Piesel-Petra". Ab da bekam sie den Mund überhaupt nicht mehr auf.

■ Wie sich die Geschwisterkonstellation auswirkt

☐ Die *Erstgeborene* ist so lange Prinzessin, bis das zweite Kind sie vom Thron stößt. Diese Kränkung und die verlorene Aufmerksamkeit der Eltern versucht sie durch Leistung und Anpassung wieder zurückzuerhalten und bemüht sich auch als Erwachsene, allen Erwartungen zu entsprechen.

☐ Über das *zweite Kind* schrieb der berühmte Psychologe *Alfred Adler:* „Von Geburt an muss es seine Beachtung mit einem anderen Kind teilen … immer ist ein Kind ihm voraus, und somit wird es angeregt, sich anzustrengen und aufzuschließen …" Die vorherrschende Stimmung des Zweiten: ein Gefühl „des Zurückgesetztseins. Sein Ziel kann so hoch gesteckt sein, dass es sein Leben lang daran leidet und seine innere Harmonie vernichtet wird als Folge davon".

☐ Das *Mittelgeborene* fühlt sich vielfach wie zwischen zwei Stühlen und den anderen unterlegen, findet schwerer seine Identität.

☐ Das *Letztgeborene* wird oft überbehütet und verwöhnt. Manchmal entwickelt es große Komplexe, weil alle Geschwister älter, stärker und erfahrener sind – wobei sich das auch nur auf das jüngste Mädchen beziehen kann, da ein nachfolgender Junge häufig eine Sonderstellung einnimmt.

■ Haben Sie eine Schwester?

Mit ihrer Schwester vergleicht sich eine Frau wohl am meisten – dieselben Eltern und Anlagen, Aufwachsen in derselben Umgebung unter denselben Bedingungen. Und wenn die Schwester hübscher, klüger,

erfolgreicher ist, von den Eltern bevorzugt wird, schmerzt das besonders. Nicht einmal offen konkurrieren dürfen wir mit ihr: Neidisch sein ist „pfui", Mädchen kämpfen nicht, Mädchen sind lieb.

Im Gefecht um elterliche Beachtung suchen wir uns die Rolle aus – oder lassen sie uns zuweisen –, von der wir uns die meiste Aufmerksamkeit erhoffen.

Eine Vernünftige und eine Hübsche gibt es bereits? Dann wird das nächste Kind vielleicht der Wildfang oder die Intelligente. Und schließlich identifizieren wir uns über diese Rollen.

■ Kindheitsbewältigung

Der erste Schritt ist, dass Sie erkennen: Sie haben bestimmte Verhaltensweisen, mit deren Hilfe Sie als Kind seelisch „überlebten" (siehe dazu den Beginn des Kapitels), ins Erwachsenenleben mitgenommen. Aber was damals funktioniert hat, um Sie vor Verletzungen zu schützen, ist heute meist nicht mehr angebracht. Sie sind kein Kind mehr, Ihre Bezugspersonen, Ihr Umfeld, die Grundbedingungen haben sich verändert, und dementsprechend können Sie Ihr Verhalten ändern.

Um Kindheitsmuster zu überwinden, müssen Sie sich mit Ihrer Vergangenheit aussöhnen – besonders mit den Eltern und anderen engeren Bezugspersonen: Diese haben wahrscheinlich, als sie klein waren, ebenfalls bestimmte Muster erlernt.

Anderen die Schuld dafür zu geben, dass man unglücklich ist, ist natürlich eine bequeme Entschuldigung, nichts ändern zu müssen – aber es lähmt einen. Fangen Sie an, für Ihr eigenes Wohlergehen zu sorgen, statt anderen diesen Part zuzuschieben. Sie sind *nicht* dafür verantwortlich, wie Ihre Kindheit verlaufen ist – *sehr wohl* aber dafür, wie Ihr heutiges Leben verläuft.

◆ Übung 1

Suchen Sie Fotos von verschiedenen Stationen Ihrer Kindheit heraus (als Kleinkind, als Schülerin, als Teenager) – sie helfen beim Erinnern. War Ihre Kindheit wirklich so freudlos? Wovon haben Sie damals geträumt? Schreiben Sie, wenn Sie wollen, die wichtigsten Phasen Ihrer Kindheit auf.

Sprechen Sie mit Geschwistern: Wie war die Rollenverteilung? Wurde jemand bevorzugt? Wenn ja, welches Opfer musste er/sie dafür im Gegenzug bringen? Ist er/sie heute glücklicher als Sie? ◆

◆ **Übung 2**

Wie verlief das Leben Ihrer Eltern? (Reden Sie mit ihnen, Ihren Geschwistern, Verwandten.) Waren sie auch nur Opfer ihrer Verhältnisse, überfordert, unglücklich? Das vergrößert Ihre Toleranz – Ihren Eltern und auch sich selbst gegenüber.

Danach schreiben Sie ihnen einen Dankesbrief, in dem Sie all das aufzählen, was Sie von ihnen Gutes erfahren haben – und wenn es nur ist, dass Sie zur Welt kommen durften. Das mag schwer fallen, falls Sie misshandelt, abgeschoben oder ständig gedemütigt wurden. Ein paar Lichtblicke gab es aber bestimmt auch in Ihrer Kindheit! Und vielleicht haben die schweren Zeiten Ihnen bestimmte Stärken verliehen (von denen Sie sicher noch nicht alle kennen!). Den Brief schicken Sie nicht ab, sondern behalten ihn und ergänzen ihn gegebenenfalls im Laufe der Zeit. ◆

Worauf es ankommt: eine neue Sichtweise zu gewinnen. Sie sind nicht mehr Opfer, sondern Macher. Sie bestimmen, wie Sie fortan an die Dinge herangehen. Die Vergangenheit können Sie nicht ändern. Sehr wohl aber Ihre Einstellung zu ihr. Formulieren Sie sie neu. Das lautet dann etwa: „Meine Familie war nicht in der Lage, mir das Gefühl zu vermitteln, dass ich akzeptiert werde." Statt: „Die haben mich nie akzeptiert."

Viele Menschen fangen erst an, Verantwortung für sich selbst zu übernehmen, wenn sie sich aus dem „Bann" ihrer Bezugspersonen befreien. Das bedeutet bei manchen, sich emotional zu lösen, bei anderen auszuziehen, bei einigen den abrupten Bruch – oder zumindest eine vorübergehende Trennung. Machen Sie Ihr Seelenheil nicht von der Zuwendung und der Liebe einzelner Menschen abhängig. Es gibt so viele, zu denen Sie eine innige Beziehung aufbauen können.

■ Traditionelle Rollenverteilung

„Zwar ist das Rollenverhalten nicht mehr ganz so starr wie früher, doch Tatsache ist und bleibt, Frauen haben in den Augen vieler Männer und – was weit schlimmer ist – in ihren eigenen Augen noch lange nicht die gleichen Rechte wie Männer", betont *Rolf Merkle*, Mannheimer Psychotherapeut und Autor mehrerer Bücher über Selbstvertrauen. „Frauen werden auch heute noch, bewusst oder unbewusst, dazu erzogen, passiv, zurückhaltend, unselbstständig, anpassungsfähig, abhängig,

nicht konkurrierend, fürsorglich, geduldig und sanft zu sein." Jungs dagegen werden zu Selbstbehauptung und Selbstständigkeit ermuntert. Frauen, die für ihre Rechte und Bedürfnisse eintreten und sich behaupten, werden von vielen Menschen – insbesondere von Männern – immer noch als aggressiv empfunden. Etliche Frauen sehen sich dann sogar selbst so, weil sie diese Zuweisungen verinnerlicht haben. Dadurch geraten sie aber ins Hintertreffen, denn das „wahre" Leben funktioniert eben vornehmlich nach männlichen Spielregeln – auch im Privatbereich, vor allem aber in Berufsleben und Öffentlichkeit.

■ Andere äußere Faktoren

Hemmungen entstehen größtenteils in der *Kindheit,* bilden sich aber auch später heraus, etwa in der *Pubertät:* Mädchen müssen ihre Identität als Frau finden – da können sich Pickel, Babyspeck, Liebeskummer, ein zu kleiner oder zu großer Busen zu riesen Komplexen ausweiten. Oder beim Einstieg ins Erwachsensein: Man zieht von zu Hause aus, ist auf sich allein gestellt, muss viele Hürden nehmen – der Beginn des Berufslebens, ein Umzug in eine neue Stadt ... Oder Hemmungen entstehen durch Faktoren wie: ein unterdrückender Partner, Alter, Krankheit, Behinderung. Vielleicht akzeptiert auch Ihre Umgebung Sie nicht, weil Ihr Status nicht stimmt, Ihre Nationalität, Ihre Art, Ihr Äußeres ... Selbstwertgefühl baut sich einerseits auf dem auf, was die *Gesellschaft* wertschätzt – schwierig, wenn Sie zum Beispiel dick sind in einer Kultur, die dünn gutheißt (im Orient ist es andersherum!), oder Türkin in einem Land, in dem bestimmte Ausländer abgewertet werden. Andererseits basiert das Selbstwertgefühl auf dem, was *Sie* von sich denken. Entspricht das nicht dem, was Sie meinen, sein zu müssen, kann das dazu führen, dass Ihr Selbstbewusstsein leidet. Werbung und Medien tragen noch zur Verunsicherung bei: So und so müssen wir sein, dies oder jenes Produkt müssen wir haben, um „dazuzugehören".

Andere Frauen (und natürlich auch Männer) lassen sich von ihrer Umwelt die Rolle der Unsicheren, Schüchternen usw. zuweisen und gewinnen die Überzeugung: Ich bin eben so, da kann man nichts machen. Manchmal ist es nur eine bestimmte Lebensphase oder Begebenheit, die so eine Etikettierung hervorgerufen hat – doch aus so einer Schublade ist schwer wieder herauszukommen.

Die Vorteile mangelnder Selbstbehauptung

■ **Hemmungen haben zwar auch ihre Vorteile …**

Bevor Sie sich in Richtung „mehr Selbstbewusstsein" verändern, sollten Sie sich bei jedem Schritt darüber klar werden, dass unsicheres Auftreten auch Vorteile hat. Und sich fragen: Was verliere ich, wenn ich es ablege? Was gewinne ich dafür?

Mögliche Vorteile von Zurückhaltung und Schüchternheit

☐ Sie müssen weniger Verantwortung übernehmen. *Dr. Renate Degner:* „Frauen übernehmen im Geist oft zu viel Verantwortung, etwa für das Verhalten ihrer Kinder, und dieses Zuviel lähmt sie; oder sie haben das Gefühl, es lastet schon zu viel auf ihren Schultern: Beruf, Haushalt, Familie, da mögen sie sich nicht noch mehr aufladen." Auf manche trifft auch die Erklärung des Marburger Psychotherapeuten *Dr. Wolfgang Rost* zu: „Angst vor Verantwortung entsteht meist, wenn einem als Kind alles verboten wird und man für jeden Fehler ausgeschimpft oder bestraft wird. Auch als Erwachsener glaubt man noch, es passiere Schreckliches, wenn man etwas wagt. Im schlimmsten Fall kommt es zu dem, was wir ‚gelernte Hilflosigkeit' nennen."

☐ Man lässt andere für sich entscheiden und kann die Schuld auf sie abwälzen, wenn etwas schief läuft.

☐ Man kann all die Dinge vermeiden, die Einsatz verlangen und Mühe machen (beispielsweise Hindernisse aktiv anzugehen). Oder natürlich das, was Angst macht: „Etwa wenn ich in einer Versammlung nichts sage, riskiere ich auch keinen missbilligenden Blick, also keine Verletzung", so *Dr. Degner.*

☐ Wer in der traditionellen Rolle der „schwachen" Frau verharrt, kommt ja auch in den Genuss einer gewissen Sicherheit – die (Pseudo-) Sicherheit der Rollenvorgabe, ein Stück Normalität, das Beschützt-werden von anderen.

☐ Man ist das Opfer, unschuldig, rein, hat für alles einen bequemen Sündenbock parat (verkorkste Kindheit, unterdrückender Partner, widrige Umstände …), kann sich selbst bemitleiden, sich in seinem Mär-

tyrertum aalen, sich für edel und selbstlos halten und hintenherum ein wenig Macht über andere gewinnen, indem man sie daran erinnert, was man alles für sie getan hat, braucht keine Schuldgefühle wegen „egoistischen Verhaltens" zu haben.

☐ Man kann Auseinandersetzungen aus dem Weg gehen, denn bei jeder kann die Urangst wach werden, abgelehnt zu werden.

■ … aber selbstbewusst lebt es sich besser!

Eine amerikanische Langzeitstudie mit 5 000 Erwachsenen ergab: Die *wahrhaft glücklichen Menschen*, das sind die mit einem starken Selbstwertgefühl und mit Vertrauen in die eigenen Fähigkeiten; sie glauben, ihr Leben im Griff zu haben, sind optimistisch und extravertiert (nach außen orientiert, offen für andere); ein Netz von engen Beziehungen unterstützt sie. Diese Menschen sind auch wesentlich gesünder als solche, auf die dies alles weniger zutrifft.

Und eine Untersuchung der Uni Bochum erbrachte: Psychosomatik-Patienten grübeln viel darüber nach, wie sie auf andere wirken und ob sie den Ansprüchen der Gesellschaft entsprechen. Im Vergleich zu Menschen ohne psychosomatische Beschwerden sind sie sozial ängstlicher, akzeptieren sich weniger – und versuchen seltener, ihre Probleme aktiv anzugehen. Diese suchen sich dann oft ein Ventil im Körper. Wie sich das ausdrückt, zeigen allgemeine Redewendungen wie: Es schlägt mir auf den Magen, mir bleibt die Luft weg, mir stockt der Atem, es schnürt mir die Kehle zu, es wird mir eng ums Herz, man hat einen Kloß im Hals, es gibt einem einen Stich ins Herz … Allein schon Ihrer Gesundheit zuliebe: Tun Sie etwas für Ihr Selbstbewusstsein!

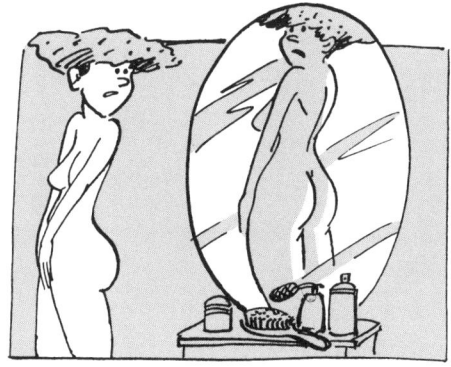

2. KAPITEL

Die eigene Persönlichkeit entfalten – Selbstbewusstsein von innen heraus

Schluss mit dem negativen Selbstbild!

Kürzlich lieh ich einem Freund auf seine Bitte hin ein Buch über Selbstvertrauen. Im Zuge meiner Arbeit hatte ich darin mehrere Stellen angestrichen. Tom gab es mir zurück mit dem wütenden Kommentar: „Du brauchst mich nicht auch noch mit der Nase auf meine Schwächen zu stoßen – ich hätte die Stellen, die mich betreffen, auch selber gefunden!"

Sicher kennen Sie auch dieses Beispiel: Jemand sagt zu Ihnen, „was guckst du mich so böse an?", dabei waren Sie gerade mit etwas ganz anderem beschäftigt als damit, diese Person irgendwie mit Blicken zu beleidigen. Oder sie unterstellt Ihnen, Sie hätten mit Ihrem Gegenüber über sie geflüstert, wo Sie doch nur Vertraulichkeiten ausgetauscht haben.

So ergeht es Menschen mit mangelndem Selbstbewusstsein die ganze Zeit: Sie wittern gegen sie gerichtete Blicke, Nachreden und Aktionen, wo gar keine sind. (Dabei sind die meisten Menschen viel zu sehr mit ihrem eigenen Kram beschäftigt, als sich dauernd mit ihnen zu befassen!) Jede Kleinigkeit wird zur Bestätigung, dass man minderwertig ist, jede Kritik zum vernichtenden Urteil, jedes Kompliment zur nett gemeinten Lüge. Sie tun sich selbst damit Unrecht, ebenso ihrer Umwelt – ein Grund mehr, daran zu arbeiten, sein Selbst-Image zu verbessern! Aber auch wenn das auf Sie nicht zutrifft: Vielleicht zählen Sie zu den vielen Menschen, die sich selbst nicht so recht leiden können – zumindest zeitweilig, und dann unzufrieden und schlecht gelaunt sind. Tun Sie's den anderen zuliebe: Lernen Sie, sich selbst zu schätzen!

■ Negative Selbsteinreden

Menschen, die glauben, andere dächten schlecht von ihnen, denken meist selbst schlecht von sich. Das macht sich vor allem bemerkbar in permanenter Selbstbeschimpfung – laut ausgesprochen oder still in Gedanken: „Dauernd baust du Mist." „Ich bin so was von bescheuert." „Ich bin eben langweilig." „Wer will schon jemanden wie mich." „Ich bin ja so hässlich." „Nie kannst du was richtig machen, du Schussel."

„Ich Idiot." „Mach dich nicht lächerlich." „Ich bin an allem schuld."
„Du taugst zu nichts." „Mann, bin ich eine Flasche/Niete/Null/ …"
Diese Sätze spiegeln meist das wider, was man früher zu hören bekommen hat. Viele Menschen sehen sich noch heute mit den Augen ihrer
einstigen Bezugspersonen. Sie übernehmen das Schema, das diese auf sie
angewendet haben: Kritik, Nörgelei, Herabsetzung, Spötteleien und setzen oftmals noch einen oben drauf. Sie übernehmen auch die *Verallgemeinerungen:* Nämlich dass nicht nur ihr Verhalten „unmöglich" ist, sondern die ganze Person. Ein einzelner Fehler wird zum Versagertum aufgebauscht („Immer machst du alles falsch!", „Du hast zwei linke Hände!"), ein einzelnes Verhalten zur Allgemeingültigkeit erhoben („Du machst uns nur Schande!", „Oh Gott, bin ich vergesslich!"). Diese

> **Kein Mensch ist wirklich wertlos oder langweilig oder blöd, sondern man selbst *denkt* nur, dass es so ist. Oder jemand anders sagt das, und man übernimmt dessen Meinung unkritisch und widerstandslos. Mein Tipp: Sie können die Einschätzung und die Kritik anderer berücksichtigen, aber stellen Sie sie nie über Ihre eigene Meinung.**

Menschen picken sich Details und winzige Momente heraus, um daran
ihr schlechtes Werturteil über sich selbst festzumachen. Wahrnehmungen, die damit nicht übereinstimmen, fallen einfach unter den Tisch, all
diejenigen aber, die dazu passen, werden besonders vermerkt und
gespeichert. Und solche Verallgemeinerungen bestimmen dann ihr Bild
von der Wirklichkeit.

Aber wie fänden Sie das, wenn jemand über eine wunderschöne Frau
sagen würde: „Sie hat komische Ohrläppchen – sie ist hässlich", oder
über Thomas Gottschalk: „Neulich hat er sich versprochen – ein miserabler Moderator"?

Prägend ist auch, wenn Menschen, zu denen wir einen engen emotionalen Bezug haben, ihre Zuneigung direkt oder indirekt an Bedingungen knüpfen: Sie geben uns zu verstehen, dass sie uns nicht mehr mögen,
wenn wir ihren Erwartungen und Vorgaben nicht entsprechen. So sucht
eine unsichere Person ständig zu erraten, wie andere sie haben wollen.
Verhält sie sich ihren eigenen Vorstellungen gemäß, befürchtet sie automatisch, anzuecken und abgelehnt zu werden. Also versucht sie, der
Kritik anderer vorzugreifen und sie zu vermeiden, indem sie sich selbst
einem Dauerbombardement harscher Selbstkritik aussetzt.

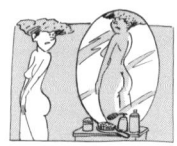

Der springende Punkt aber ist, dass ein unsicherer Mensch immer noch diese irrationale Urangst mit sich herumträgt: Wenn man mich ablehnt, bin ich in Lebensgefahr. Er macht sich nicht bewusst, dass das für den erwachsenen Menschen nicht mehr gilt, dass er durchaus in der Lage ist, ohne die Sympathie seiner Umgebung zu überleben. Natürlich fühlt man sich wohler, wenn man gemocht wird, aber dafür ist es nicht nötig, sich selbst aufzugeben oder klein zu machen. Allerdings muss man die Macht der Gewohnheit brechen. Viele dieser herabsetzenden Mechanismen laufen nämlich so automatisch ab, dass man sie gar nicht mehr mitbekommt bzw. kritisch überprüft.

◆ **Übung: Selbsteinrede-Protokoll**
1. Schritt: Legen Sie sich ein Heft zu und führen Sie eine bis zwei Wochen Protokoll über jede negative Selbsteinrede, jede Herabsetzung, jedes Schimpfwort, womit Sie sich bedenken. Lassen Sie jeweils ein paar Zeilen Platz. Das macht Arbeit, ja. Aber das Bewusstsein neigt dazu, vieles wieder zu verdrängen. Was Sie schwarz auf weiß festgehalten haben, darüber müssen Sie nicht mehr grübeln, und es bekommt eine Klarheit, mit der Sie arbeiten können.
2. Schritt: Versuchen Sie, bei jeder Herabsetzung herauszufinden, woher sie stammt. Welches Ereignis, welche Person hat sie begründet? Notieren Sie das.
3. Schritt: Nehmen Sie jeden Gedanken kritisch in Augenschein! *Beispiel 1:* „Keiner will mich." Wer genau will Sie nicht? Jeder Mensch? Will Sie wofür nicht? Bemühen Sie sich um die Menschen, von denen Sie „gewollt werden" möchten? Wissen diese es? *Beispiel 2:* „Ich bin ja so blöd." Sind Sie grundsätzlich „blöd", oder gibt es auch Situationen, in denen Sie sich gut angestellt oder als klug erwiesen haben? Bestimmt überwiegen letztere!
4. Schritt: Ganz zum Schweigen bringen werden Sie Ihren inneren Kritiker nie. Aber Sie können ihn so ummodeln, dass er Ihnen hilft. Ändern Sie die Programmierung, die Sie früher erfahren haben. Formulieren Sie zu jedem selbstunsicheren Gedanken einen selbstsicheren. *Beispiel 1:* „Es gibt eine Menge Leute, die mich gern um sich haben, und wenn ich mich mehr öffne, werden es noch mehr." *Beispiel 2:* „Manchmal mag ich ,blöd' sein, aber keiner macht immer alles richtig." ◆

■ **Was du nicht willst, dass man dir tu,
das füg dir auch nicht selber zu**

Behandeln Sie sich selbst heute so (negativ), wie Sie früher behandelt wurden? Dann sollten Sie sich immer wieder diese Frage stellen: Würde ich Menschen, die ich sehr liebe (zum Beispiel Ihr Kind, Ihren Partner, Ihre Schwester) so behandeln? Wenn sie einen Fehler machten, was würden Sie ihnen sagen? Und Sie selbst sind doch der Mensch, mit dem Sie am längsten zusammen sind! Also müssen Sie sich selbst Ihre beste Freundin sein. Würden Sie Ihrer liebsten Freundin dauernd das Leben schwer machen wollen? Also bitte etwas mehr Respekt und liebevolle Nachsicht!

◆ **Übung: Brief an Sie**
Schreiben Sie einen Liebesbrief an sich selbst – so, als wären Sie selbst Ihr größter Fan. Vielleicht möchten Sie sich darin auch sagen, dass es Ihnen Leid tut, wie oft Sie sich gehasst und beschimpft haben, und warum Sie das nicht verdienen. Manchmal gelingt es besser, sein „tieferes Ich" sprechen zu lassen, indem man die nichtdominante Hand (also bei den meisten Menschen die linke) benutzt. Sie hat eine stärkere Verbindung zu den Gefühlen und zum Unterbewusstsein. ◆

◆ **Übung: Tag der Selbstbeweihräucherung**
Suchen Sie sich einen Tag aus, an dem Sie sich mit Respekt und ausgesuchter Höflichkeit behandeln – vom Aufstehen bis zum Schlafengehen! Stellen Sie sich vor, Sie wären jemand, den Sie sehr schätzen und achten. Es darf den ganzen Tag kein abfälliges Wort fallen, kein unfreundlicher Gedanke gegen Sie aufkommen. Nützlich dabei: eine spezielle Erinnerungshilfe für diesen besonderen Tag (z.B. ein auffälliger Ring oder ein ausgefallenes Armband). Wiederholen Sie diesen Tag einmal pro Woche oder Monat. ◆

■ **Kein Vergleich!**
Wurden Sie früher auch dauernd mit anderen verglichen? „Nimm dir ein Beispiel an deiner Schwester/Klassenkameradin/ …", „Warum kannst du nicht sein wie …", „Schau doch mal, wie nett/schlank/fleißig/ … die ist". Kindliches Fazit: die anderen sind besser als ich. So werden auch Neid und Minderwertigkeitsgefühle angelegt: Solange ich nicht

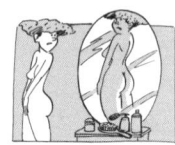

habe, was die anderen haben, bin ich weniger wert. Ein endloser Kampf, denn es gibt fast immer jemand „Besseren". Machen Sie sich klar, dass man Sie gar nicht mit jemandem vergleichen kann, weil Sie einmalig sind! Nie zuvor hat es so jemanden gegeben wie Sie und wird es auch nie geben. Allein vom Erbgut her steht die Chance, dass jemand mit denselben Genen auf die Welt kommt, eins zu dreihunderttausend Milliarden. Und um dann noch so zu werden wie Sie, müsste man dieselbe Entwicklung im gleichen Umfeld erleben. Mit anderen Worten: Sie sind einzigartig. Und auf Ihre Art sind Sie toll.

◆ Übung: Gedanken-Stopp

Jedesmal, wenn Sie sich dabei erwischen, abfällig über sich zu denken oder sich mit anderen zu vergleichen, sagen Sie „Stopp!" – wenn's geht, laut, sonst im Geiste. Stellen Sie sich dazu ein Bild vor, etwa ein Stoppschild oder eine rote Ampel, und setzen Sie einen körperlichen Reiz: mit den Fingern schnipsen, sich an einer bestimmten Stelle kneifen oder einen kleinen Klaps geben – was Sie wollen, nur sollte es unauffällig sein, damit Sie den Trick auch in Gesellschaft unter Leuten anwenden können. ◆

Und hier eine Übung, wie Sie Selbstdegradierungen loswerden:

◆ Negative Gedanken „wegbeamen"

(Vorbereitung: bequem hinsetzen, beide Füße auf den Boden, ruhig atmen.) Je nachdem, welcher Ihrer Sinne, das Sehen, Hören oder Spüren, am stärksten ausgeprägt ist, sollten Sie beim Wegbeamen von negativen Gedanken diesen zu Hilfe nehmen. Angenommen, Sie sind von der Überzeugung durchdrungen, ein Mauerblümchen zu sein. Als „Seh-Typ" schauen Sie aus dem Fenster. Was erkennen Sie? Bäume, hohe Häuser, Berge? Sooft nun dieses Mauerblümchen Ihren Sinn durchkreuzt, stellen Sie es sich bildlich vor und schleudern es zum höchsten oder am weitesten entfernten Punkt, den Sie durchs Fenster sehen können („schnalzen" Sie es mit einer Handbewegung dorthin oder benutzen Sie im Geiste eine Schleuder oder Ähnliches). Wenn Sie eher ein „Hör-Typ" sind, lassen Sie das Wort „Mauerblümchen" in Ihrem Kopf von einem lauten, aber angenehmen Geräusch übertönen und löschen, etwa von Meeresrauschen. Als „Fühl-Typ" stellen Sie sich vor, starker Wind würde Ihnen das verdörrte Blümchen aus dem Kopf pusten. Variante: sich seitlich einen Klaps an den Kopf geben, damit der negative Gedanke aus dem gegenüberliegenden Ohr fällt. Selbst wenn diese Techniken bei Ihnen nicht funktionieren, so kann doch der Versuch dazu beitragen, dass Sie ein bisschen darüber schmunzeln können – und damit haben Sie schon einen kleinen wohltuenden Abstand zu Ihrem Problem gewonnen. (Übrigens kann man mit dieser Übung auch manche konkreten Ängste wegbeamen!) ◆

■ Wenn das alles nicht hilft ...

Manchmal ist man so fest der Überzeugung, in irgendeiner Hinsicht minderwertig zu sein, dass einen nichts und niemand davon abbringen kann. Versucht das jemand, glaubt man, er will sich einschmeicheln oder möchte lieber nicht die Wahrheit sagen, um einen nicht zu verletzen.

„Wenn Sie Ihr Selbstwertgefühl ... steigern möchten, dann müssen Sie bereit sein, Ihre Meinung von sich und die Meinung der anderen über Sie in Frage zu stellen", rät Therapeut *Rolf Merkle*. „Stellen Sie sich vor, Sie stünden vor Gericht und müssten dem Richter beweisen, dass Sie mit Ihrer Meinung über sich Recht haben. Welche objektiven und unanfechtbaren Beweise könnten Sie ihm geben? Ich wette, keinen einzigen! ... Gleichgültig, wie stark und untrügerisch Ihre Minderwertigkeitsgefühle auch sein mögen, sie sind kein Beweis dafür, dass Sie tatsächlich minderwertig sind." Noch besser, Sie drehen's um: Wenn jemand vor Gericht eine Verteidigungsrede für Sie hielte – was würde er/sie sagen?

■ Mit sich selbst Freund werden

„Wenn wir unser Selbstbild ändern wollen, müssen wir die Bekanntschaft mit einer neuen Person ... machen. Diese ist uns so fremd, dass wir sie zuerst gefühlsmäßig ablehnen und als nicht zu uns gehörig betrachten. Wir müssen uns erst mit ihr anfreunden und uns mit ihr vertraut machen", erklärt *Rolf Merkle*.

◆ „Ich mag mich"

Sagen Sie diesen Satz laut zu Ihrem Spiegelbild – mindestens achtmal täglich, mindestens einen Monat lang. Die Light-Version: „Ich bin in Ordnung." Die meisten Menschen wehren sich erst gegen diese Übung: „Das ist albern", „Da komme ich mir blöd vor".

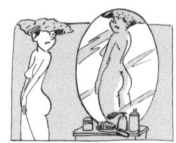

Zunächst können Sie's ja ganz neutral sagen und erst im Laufe der Zeit mehr Wärme und Überzeugung in Ihre Worte legen. Fügen Sie auch mal hinzu: „Ich verdiene es, dass es mir gut geht", „Ich bin froh, dass es mich gibt." ◆

◆ Persönliche Zauberformeln kreieren

Das sind ein oder mehrere knappe Sätze, die Ihr starkes Ich betonen. Etwa: „Ich bin selbstsicher und gelassen", „Ich akzeptiere mich so, wie ich bin". Suchen Sie möglichst Worte, zu denen Sie einen persönlichen Bezug haben, die Sie frohgemut stimmen – und formulieren Sie positiv, das erreicht das Unterbewusstsein besser. Sagen Sie sich Ihre Zauberformeln immer wieder vor, mehrmals am Tag, heften Sie sie auf Zetteln an Ihren Spiegel, ins Auto, auf den Schreibtisch usw. (eventuell auch nur die Anfangsbuchstaben: IBIHMM für „Ich bin in Harmonie mit mir"). Mehrere Sätze oder längere Texte können Sie auch auf Band sprechen und mehrmals täglich abhören. Klingt banal, wirkt aber tatsächlich: Im Laufe der Zeit sind die Botschaften in den Tiefen Ihrer Psyche verankert und geben Ihnen Kraft, sie nun auch tatsächlich umzusetzen und zu leben. ◆

■ Über Stärken und Schwächen

Na, sind nach diesen Übungen noch Schwächen übrig geblieben? Wahrscheinlich schon. Wer nicht mit einem bombensicheren Selbstvertrauen gesegnet ist, findet immer noch etwas an sich auszusetzen. Und je geringer es ist, umso größer ist die Kluft zwischen dem, was man von sich erwartet, und dem, wie man zu sein meint. (Wollten Ihre Eltern Sie „perfekt" haben? Hatten sie Idealvorstellungen, die sie an Sie angelegt haben?) Und reicht man nicht an die selbst angelegte hohe Messlatte heran, hat man schon wieder Grund, sich niederzumachen.

Oft misst man sich selbst mit anderen Maßstäben, als man sie an seine Mitmenschen anlegt: Bei denen ist man großzügiger, während man sich selbst jedes (vermeintliche) Manko doppelt ankreidet. Aber um mit sich in Einklang zu kommen, muss man sich mitsamt seinen Schwächen annehmen – damit ist nicht gemeint, dass man sie alle gutheißen soll. Sondern dass Sie versuchen, an den negativen Seiten, die Sie verändern können und sollten, zu arbeiten. Und sich die Schwächen, die Sie nicht ändern können, verzeihen oder eine andere Einstellung dazu gewinnen.

Halten Sie's mit diesem klugen Gebet: „Herr, gib mir die Kraft hinzunehmen, was ich nicht ändern kann; den Mut, zu ändern, was sich ändern lässt; und die Weisheit, das eine vom andern zu unterscheiden." Hier eine Übung, um der verbreiteten Neigung von Frauen, ihre Schwächen zu betonen und ihre Stärken darüber zu vergessen, entgegenzutreten:

◆ **Übung: Loblied auf sich selbst**
Schreiben Sie eine „Das-ist-gut-an-mir-Liste" in Ihr Heft. Es geht nicht um das, was Sie können (das kommt im nächsten Kapitel!). Sondern um das, was Sie sind, das, was wertvoll an Ihnen ist. Vielleicht sind Sie zuverlässig, humorvoll, einfühlsam, warmherzig, fürsorglich, geduldig, tolerant, großzügig, gastfreundlich. Eine gute Zuhörerin. Eine tolle Mutter, Schwester, Tochter oder Tante …
So eine Liste mag Ihnen zunächst schwer fallen, weil Sie darauf getrimmt wurden, bescheiden zu sein (Motto: „Eigenlob stinkt!" oder das ständige elterliche „Bild dir bloß nix ein!"). In dem Fall können Sie damit anfangen, an jedem Menschen, den Sie treffen, etwas Positives zu sehen – das macht Sie wohlwollender sich selbst gegenüber. Lassen Sie sich Zeit, nehmen Sie die Liste morgen oder nächste Woche wieder zur Hand. Trauen Sie sich ruhig Freunde oder Angehörige zu fragen, was sie an Ihnen gut finden.
Manchmal hat man die Scheu, Dinge aufzulisten, die man mit vielen anderen Menschen teilt – weil man meint, sie seien nichts Besonderes. Trauen Sie sich ruhig, nennen Sie alles, was Ihnen in den Sinn kommt. Klingt etwas makaber, hilft aber: wenn Sie sich vorstellen, Sie müssten eine lange Grabrede über sich selbst schreiben. Lesen Sie sich die Liste oder die „Grabrede" alle paar Tage vor dem Spiegel vor. Fällt Ihnen noch was ein, ergänzen Sie's, auch die Komplimente Ihrer Mitmenschen. ◆

Alles eine Frage der Optik?

Trifft zu

1. Ich stelle mir immer wieder vor, wie es wäre, wenn ich besser aussähe. ☐

2. Ich bin selten/nie zufrieden mit meinem Gewicht. ☐

3. Ich vergleiche mein Aussehen oft mit dem anderer Frauen oder sehe ihnen neidisch hinterher. ☐

4. Ich habe schon Verabredungen abgesagt, weil ich mich unattraktiv fühlte. ☐

5. Manchmal vermeide ich es, in den Spiegel zu sehen. ☐

6. Vor anderen halte ich mich häufig mit dem Essen zurück, um nicht gefräßig zu erscheinen. ☐

7. Ich beschäftige mich oft mit gewissen Körperteilen, die ich nicht leiden kann. ☐

8. Ich versuche seit etlichen Jahren abzunehmen/zuzunehmen. ☐

9. Nach dem Essen habe ich gelegentlich ein schlechtes Gewissen. ☐

10. Ich fühle mich extrem unwohl, wenn andere mich nackt/im Bikini sehen. ☐

11. Manchmal habe ich ein wirklich abartiges Essverhalten. ☐

12. Sex habe ich am liebsten im Dunkeln. ☐

Trifft zu

13. Komplimente über mein Aussehen nehme ich
meist nicht ernst/nicht an. ☐

14. Ich treibe Sport, um Kalorien zu verbrennen. ☐

Wenn Sie höchstens ein Kreuzchen gemacht haben: Gratulation! Sie
sind die absolute Ausnahme! Sie können dieses Kapitel überspringen.
Wahrscheinlicher ist, dass Sie mindestens zwei Punkte bestätigt haben.
Damit gehören Sie zu den etwa 99,9 Prozent aller Frauen, die gelegentlich oder sogar permanent mit ihrem Aussehen unzufrieden sind. In keinem Bereich üben Frauen so viel Selbstkritik.

■ Der Traum von makelloser Schönheit

Eine große Umfrage der *Gesellschaft für Rationelle Psychologie* ergab:
Neun von zehn Frauen genieren sich nackt. 67 % der Frauen empfinden Nacktheit als „peinlich und mit
unangenehmen Gefühlen verbunden".
Die Hitliste der Körperkomplexe:
Busen (87 % mögen ihn nicht besonders), Po (71 %), Bauch (54 %), Oberschenkel (48 %), Beine (23 %). Und
über 70 % halten sich für zu dick! Eine
Umfrage der Zeitschrift *freundin* ergab
ganz ähnliche Werte. Darin bemängel-
ten die Befragten sogar den blassen
Teint, die Haarfarbe sowie Pickel und
Fältchen (je um 40 %).
Weibliches Selbstwertgefühl definiert
sich ganz stark über die Optik. Wie
kommt das? Mädchen werden von
klein auf viel mehr über Äußerlichkei-
ten bewertet als Jungs. Später werden

> **Fragen Sie Ihnen wohlwollende Mitmenschen, wie Sie „ankommen". Und glauben Sie es ihnen, wenn sie sagen: „Du siehst doch gut aus." (Sehr oft entspricht das eigene Körperbild nämlich nicht der Realität!) Verbesserungsvorschläge sollten Sie überdenken. Oft sind es Kleinigkeiten, die Ihrer Attraktivität schaden, wie permanentes Augenaufreißen oder eine Kopfhaltung, die ein Doppelkinn begünstigt.**

wir überall taxiert, auch vom eigenen Geschlecht, aber vor allem von
Männern, die uns mit abschätzenden Blicken beurteilen, lautstark kommentieren, uns hinterherpfeifen. Die Medien tun das ihre dazu: Ein
gigantischer Zeitschriftenmarkt zeigt uns, wie wir uns kleiden, schmin-
ken, frisieren, schlank und in Form halten sollten. Eine riesige Schön-

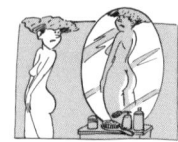

heitsindustrie hält für uns viel mehr Angebot bereit als für Männer. Fernsehen und Werbung prägen zusätzlich unser Bild von der perfekten Beauty. All das setzt uns unter Zugzwang: Wer nicht mithält, hat das Nachsehen. Im Kampf um Männer, Jobs, allgemeine Anerkennung und Respekt.

Folge: Wir wollen makellos sein. Und konzentrieren uns deshalb auf jeden unserer (vermeintlichen) Makel, bis wir nur noch die Schwächen statt des Schönen an uns sehen. Die meisten Frauen tun das so routinemäßig, dass es fast zum Automatismus wird, dessen sie sich vielleicht nicht einmal mehr bewusst sind. Falls Sie sich das abgewöhnen möchten, holen Sie doch bitte zuerst einmal Papier und Stift.

◆ Übung 1

Legen Sie eine Liste an mit allem, was Ihnen an sich gefällt. Notieren Sie zunächst alles, was Ihnen spontan einfällt. Danach begutachten Sie sich in einem großen Spiegel. Nackt. Oder, falls Sie sich so allzu unwohl fühlen, in Unterwäsche. Vermerken Sie alles Ansehnliche, auch Details wie Nabel, Fingernägel, Ohren. Kopfzeile: „Ich habe …", dann den Körperteil, den Sie ausführlich beschreiben. Also zum Beispiel: „Ich habe schöne braune Augen mit kleinen goldenen Sprenkeln und gebogenen Wimpern drumherum", „Ich habe tolle Zähne, gesund und genau richtig groß." Vielleicht fällt Ihnen auf Anhieb nicht so viel ein. Halten Sie die Liste griffbereit und ergänzen Sie sie gelegentlich. Und an Tagen mit schlechtem Körpergefühl schauen Sie drauf. Das baut auf. ◆

◆ Übung 2

Nun legen Sie zwei weitere Listen an: eine mit Körperteilen, denen Sie neutral gegenüberstehen, die andere mit solchen, die Sie ablehnen.

Die Negativ-Liste unterteilen Sie in zwei Spalten: „Mitgegeben von" und „Einspruch". Sie sind ja nicht auf die Welt gekommen mit der Einstellung, dass irgendwas an Ihnen hässlich ist. Irgendjemand hat's Ihnen irgendwann mit auf den Weg gegeben. Ausdrücklich oder indirekt. Das können Ihre Eltern gewesen sein, die Sie nur liebevoll neckten oder sich um Ihre Entwicklung sorgten („Kind, dass du mir nicht zu dick wirst!"), Geschwister und Schulkameraden mit Hänseleien, übellaunige Lover …

Beispiele: *„Was ich nicht mag:* breiter Hintern. *Mitgegeben von:* meinem Freund Mano, als ich 17 war. *Einspruch:* Mano war ein rücksichtsloser Stänkerer. Andere Männer haben meine Hüften nie bemängelt. Sie sind schön weiblich gerundet."

Erweitern Sie sowohl die neutralen als auch die ungeliebten Körperteile um die Ergänzung *„Ich schätze ..."* Konzentrieren Sie sich zum Beispiel mehr auf das, was sie können, als aufs Aussehen. Etwa: „Ich schätze meine Hände, weil sie fest zupacken können und geschickt sind" oder „Ich schätze meine Beine, weil sie kraftvoll sind, schnell laufen können und mich nie im Stich lassen." Oder überlegen Sie, ob Sie einigen Merkmalen nicht ein neues Image verpassen können, indem Sie sie als Ihre persönliche Eigenheit betrachten. Mit den restlichen Stellen, denen Sie partout nichts abgewinnen können, sollten Sie versuchen Frieden zu schließen. Machen Sie das *Christian-Morgenstern*-Zitat zu Ihrem Motto: „Schön ist eigentlich alles, was wir mit Liebe betrachten." ◆

◆ **Übung 3**

Jetzt geht es an die fiesen kleinen Stimmen in Ihrem Kopf, die Selbstzweifel und Schuldgefühle verbreiten. Erwischen Sie sich selbst dabei, dann notieren Sie Ihre typischen inneren Monologe und schreiben dazu, was Sie damit assoziieren. Danach geben Sie ihnen eine andere Wendung.

Beispiel: *Kritiker:* Ich bin ja so fett. *Annahme:* Alle denken, ich bin verfressen, undiszipliniert und träge. Bevor ich nicht abgenommen habe, werde ich nicht richtig glücklich. *Realistischer:* Die Leute mögen mich, weil ich ein freundlicher, netter Mensch bin. Sie können nicht so etwas von mir denken. Ich drücke mich davor, mein Leben und mein Glück richtig in die Hand zu nehmen, und schiebe es auf mein Gewicht. ◆

■ **Das Aussehen als Sündenbock ...**

Das ist es bei vielen Frauen nämlich für alles, was in ihrem Leben schief läuft: „Wenn ich jünger/schlanker/hübscher wäre ..." Denken Sie den Satz ruhig mal auf dem Papier zu Ende! Da steht dann zum Beispiel: „Wenn ich schlanker wäre, könnte ich mehr erleben und hätte mehr Spass am Leben." Ist das wirklich so? Oder muss die Optik da nicht eher herhalten als Ausrede für Trägheit und vage Ängste? Da entstehen dann

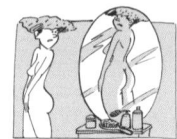

oft Paradoxien wie: „Ich könnte ja prima abnehmen, wenn ich jeden Tag schwimmen oder ins Sportstudio ginge. Aber solange ich so fett bin, kann ich mich weder im Badeanzug noch im Fitnessdress sehen lassen. Ich würde ja gern Tennis spielen, aber mit der Zellulite kann ich kein Röckchen tragen." Anderes Beispiel: „Wäre ich hübscher, hätte ich mehr Erfolg bei Männern." Das stimmt so auch nicht. Es kommt nämlich drauf an, bei welchen Männern Sie Erfolg haben wollen. Vielleicht schielen Sie nach der falschen Sorte.

> **Probieren Sie verschiedene Gesichter vor dem Spiegel aus: Schlafzimmerblick, Lächeln mit und ohne Zähne. Manche Frauen sehen mit leicht geöffnetem Mund sexy und entzückend aus, zu anderen passt das einfach nicht. Und so weiter.**

Apropos fett: Mindestens die Hälfte aller Frauen verbringt die Hälfte ihres Lebens damit, darüber nachzudenken, wie das Leben wohl wäre, wenn sie dünner wären – statt es zu genießen. Im einen Moment träumen sie von Minikleidern und Heerscharen männlicher Verehrer, im nächsten schieben sie sich Kalorienbomben in den Mund und ärgern sich hinterher wieder schwarz. Freunden Sie sich lieber mit Ihren Körpermaßen an: a) Sie haben nur weibliche Rundungen? Na großartig! Männer lieben das! b) Sie haben etwas mehr als das? Oft stehen Pölsterchen für etwas Bestimmtes – etwa als Schutzwall gegen sexuelle Avancen. Oder sie fungieren – siehe oben – als Sündenbock. Finden Sie's heraus. Falls Sie sich danach immer noch nicht mit Ihren Maßen abfinden können: Tun Sie endlich was, statt immer nur davon zu reden! Bewegung und ein dauerhaft anderes Ernährungs- und Essverhalten helfen längerfristig übrigens erwiesenermaßen viel besser als FdH.

◆ **Übung 4**
Notieren Sie im Verlauf einer Woche, welche Menschen, Orte, Dinge und Situationen Ihnen in Bezug auf Ihr Äußeres Hemmungen einflößen, und überlegen Sie, wie Sie am besten damit umgehen.
Beispiele: *Hemmer:* Ihre bildhübsche Freundin, die immer alle Blicke (und Kerle) auf sich zieht. *Tipp:* Öfter allein ausgehen und sich klar machen, dass „Alleingängerinnen" ungeheuer anziehend auf Männer wirken. *Hemmer:* Ihr Partner, der Ihnen mit sei-

nen ironischen Bemerkungen das Gefühl gibt, unattraktiv zu sein, oder Ihnen von seiner tollen Ex vorschwärmt. *Tipp:* Ihm sagen, dass das kränkt, oder ihn loswerden. *H:* Eine Disco, in der nur Model-Frauen herumlaufen. *T:* Abhaken. *H:* Zu enge Jeans, in denen Sie sich fühlen wie eine Leberwurst. *T:* Ab in den Müll mit den Jeans! *H:* Kürzere Röcke. *T:* Erst etwas längere tragen, dann immer kürzere. Sie werden feststellen, dass man weder abfällige Bemerkungen macht noch Sie mitleidsvoll begutachtet. Vielleicht bekommen Sie sogar Komplimente. *H:* Ihre Schwester, die eine Superfigur hat. *T:* Wenn Sie sich unbedingt mit ihr vergleichen müssen, denken Sie an Ihre eigenen Vorzüge – wie schöneres Haar, glattere Haut. ◆

◆ Übung 5

Sehen Sie sich an einem bevölkerten Ort (Markt, Einkaufszentrum, Freibad) die Frauen an. Finden Sie an jeder drei Details, die Ihnen gefallen. So machen Sie sich selbst bewusster, dass Schönheit keine Mangelware ist, und mindern rivalisierende Sichtweisen („Sie sieht super aus, aber bestimmt ist sie dumm"). Je mehr Attraktives Sie an anderen entdecken können, umso eher wird es Ihnen gelingen, sich selbst anzunehmen. ◆

◆ Übung: Tag der Sinne

Nehmen Sie sich vor, einen Tag lang aufmerksam auf Ihre Sinne und Ihren Körper zu achten. Möchte er nach dem Aufwachen genüsslich gestreckt werden? Wie fühlen sich die kleinen Wasserstrahlen der Dusche auf der Haut an, wie die Borsten der Zahnbürste? Riechen Sie den Duft des Kaffees und der Brötchen im Zimmer, schmecken Sie sie. Spüren Sie beim Gehen, welche Muskeln dabei beansprucht werden – wie schön das doch ist, so einen ausgeklügelten Bewegungsapparat zu besitzen. Will er Aktion oder eher Ruhe?
Tun Sie Ihrem Körper an diesem Tag viel Gutes: Massage, Whirlpool, ein gemütlicher Spaziergang, ein heißes Bad, liebevolles Eincremen. Konzentrieren Sie sich ganz auf die physischen Empfindungen. Ist es nicht toll, was für ein Wunderwerk so ein Organismus ist? (Tipp: Lesen Sie schon jetzt das Kapitel „Körperstrategien für mehr Selbstbewusstsein", S. 56 ff.) ◆

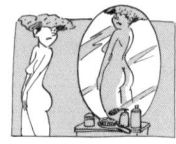

■ Holen Sie das Beste aus sich raus!

Das steht nicht im Widerspruch dazu, dass Sie sich so akzeptieren sollten, wie die Natur Sie geschaffen hat. Diese Aufforderung bedeutet lediglich: Werden Sie aktiv! *Sich* und Ihre Einstellung können Sie nämlich ändern; die Gesellschaft nicht. Die ist nun einmal auf Attraktivität, Mode usw. eingeschworen. Und Ihr Selbstwertgefühl hängt zu einem guten Teil auch davon ab, wie andere auf Sie reagieren. Machen Sie das Beste aus Ihrem Typ! Investieren Sie ein bisschen in Ihr Selbstbewusstsein, lassen Sie sich dabei von Profis unterstützen: Es gibt Stilberaterinnen, die Ihnen Tipps zum passenden Kleidungsstil und „Ihren" Farben geben; Friseure, bei denen Sie Frisuren erst einmal auf dem Computerbildschirm ausprobieren können; exzellente Kosmetikerinnen (oder Visagisten), die Ihnen das für Sie optimale Make-up zeigen. Und: Was tun andere Frauen, die Sie attraktiv finden, für ihr Aussehen? Können Sie von ihnen lernen? Experimentieren Sie ruhig ein wenig und helfen Sie der Natur ein wenig auf die Sprünge. Wichtig ist, dass Sie letztendlich Ihre Vorzüge betonen, sich weder zukleistern noch verkleiden, sondern Ihren persönlichen Stil finden, mit dem Sie sich wohl fühlen.

> Suchen Sie sich positive Vorbilder. Rubensfrau Anne Nicole Smith schaffte es zum Top-Fotomodell. Männer finden sie supersexy und liegen ihr zu Füßen. Schauspielerin Jane Birkin hatte Riesenzähne, war lang und knochig. Trotzdem erlangte sie Weltruhm. Jackie Kennedy war nicht besonders hübsch, hatte aber einen unverwechselbaren Stil.

Ein Wort zu Schönheitsoperationen: Ich rate nicht grundsätzlich davon ab – es gibt genug Fälle, wo die Korrektur einer Nase, eines Kinns oder des Busens zu mehr Eigenliebe verhalf. Ich rate aber auch nicht zu: Wenn der Komplex tiefer sitzt, wird ihn noch so viel Chirurgie nicht beheben. Möglicherweise finden Sie sich selbst so unansehnlich, dass Sie sagen: All diese Tipps und Übungen fruchten bei mir nicht, sind vergebliche Liebesmüh. Bitte resignieren Sie nicht. Unterliegen Sie nicht dem Irrglauben, nur *attraktive* Frauen seien liebenswert. Um geliebt zu werden, muss man weder schön noch jung, noch erfolgreich sein. Sicher kennen Sie Beispiele: Ihre Großmutter, Ihre Ärztin, eine Freundin … Manche Frauen, die die Natur in puncto Aussehen benachteiligt hat, wirken schön oder anziehend, weil sie Ruhe, Milde, Humor, Lebensfreude oder Kraft ausstrahlen. Geben Sie sich eine Chance.

Umgang mit Stärken und Schwächen

■ Angst vor dem Versagen

Kann ich das überhaupt? Ich werd's sowieso nicht schaffen! – Wer häufig so denkt, befürchtet indirekt, in Ungnade zu fallen: denn „Nieten" sind in unserer Leistungsgesellschaft nicht gefragt. In einer aktuellen Studie mit 521 Berliner Studenten gestand jeder dritte *Versagensängste!* Kein Wunder in einer Kultur, die Erfolg überbewertet und nur die Gewinnertypen anerkennt. Da messen sich viele nur noch an ihren Errungenschaften.

Übermäßige Versagensängste werden oft in der Kindheit angelegt: Die Menschen, die einen erzogen haben, kritisierten viel, hielten aber Stärken und Leistungen für selbstverständlich, ja sogar für zwingend (Anzeichen: Gewissensbisse, wenn Sie was nur zum Vergnügen tun statt „was Nützliches"). Auf der einen Seite hatten sie unrealistische Erwartungen („Aus dir soll mal was Besseres werden"), auf der anderen Seite trauten sie einem nichts zu („Dazu bist du noch zu klein", „Das kannst du doch nicht") und bestraften Misserfolge mit Herabsetzungen („Du wirst es nie lernen/zu was bringen", „Du bist viel zu ungeschickt, lass mich das mal machen" oder einfach Missachtung und ein abwertendes Gesicht).

> **Tipp:** Gut gegen Versagensängste sind auch die „Reg-dich-nicht-auf-Technik" von Seite 83 und die „Einstellungsänderung" von Seite 84.

Die Psychologin *Dr. Degner* rät: „Prüfen Sie bei Versagensängsten erst mal, wofür solche Aussagen stehen: ,Ich bin zu blöd, zu jung, zu alt', ,ich bin nicht schön/geschickt/gebildet genug', ,ich schaffe das ohnehin nicht …' – vor allem, wenn sie immer wieder auftauchen. Das Muster ist festgefahren: Ich will ja, aber ich kann nicht. So braucht man nicht zu handeln. Das steht vor etwas anderem: vor Ängsten, vor möglichen Verlusten."

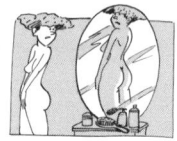

◆ Übung
Gibt es bei Ihnen solche typischen Sätze? Schreiben Sie sie auf. Welche Ursachen, welche Ängste stecken dahinter? Und was können Sie dem entgegnen? Beispiel: *Versager-Satz:* „Ich werde die Prüfung sowieso nicht schaffen." *Ursache:* Meine Eltern, die immer sagten: „Aus dir wird nie was Ordentliches werden." *Entgegnung:* Ich bestimme jetzt, was für mich „ordentlich" ist. Und was ich wirklich will, habe ich bis jetzt auch geschafft. ◆

Im Grunde gibt es nur zwei Arten von Versagen: erstens, aus seinen Flops nicht zu lernen; zweitens, aus Angst vor Flops überhaupt nie etwas zu versuchen. Wer sich erlaubt, Fehler zu machen, gibt sich die Freiheit, Risiken einzugehen.

■ Meist kriegen wir das, was wir erwarten

Menschen, die wenig Vertrauen zu sich selbst haben, gehen oft mit solchen Vorbehalten (siehe oben) an Aufgaben heran, dass sie sich selbst blockieren und die Dinge fast schief gehen *müssen*. Oder sie stellen so unerfüllbar hohe Anforderungen an sich, dass sie zwangsläufig scheitern. Beides bestätigt ihnen wiederum ihre vermeintliche Unfähigkeit. Danach trauen sie sich noch weniger zu. Kurzum: Ihr negatives Selbstbild und ihr Pessimismus tragen zum Misslingen und zur weiteren Schwächung des Selbstbewusstseins bei.

Hunderte von Studien haben gezeigt, dass zuversichtliche Menschen in allen Lebensbereichen besser abschneiden, mehr erreichen. Logisch: Wer davon ausgeht, dass „alles gut wird", dass die Dinge schon irgendwie einen positiven Ausgang nehmen werden, wagt mehr und gibt nicht so leicht auf.

Bei Fehlschlägen brechen Pessimisten innerlich zusammen, werden oft völlig handlungsunfähig. Optimisten dagegen machen sich weder Vorwürfe noch beschimpfen sie sich als Versager, sondern sagen sich: „Da muss ich noch dran arbeiten/Ich muss meine Fähigkeiten noch verbessern" oder „Es lag nicht an mir, es waren eben unglückliche Umstände, ich versuch's einfach noch mal" oder „Jetzt ist es eben passiert, aber davon geht die Welt nicht unter." Sie sind in der Lage, weiterzumachen, behalten die Kontrolle über die Situation und ihr Leben, betrachten Misserfolge sogar oft als Herausforderung, es besser zu machen. Optimismus setzt immense Energien frei.

■ So stärken Sie Ihren Optimismus

☐ Setzen Sie sich erreichbare Ziele, und wenn Sie manche davon nicht gleich schaffen, geben Sie sich angemessenen Aufschub. Wer alles auf einmal umkrempeln will, stellt sich selbst ein Bein.

☐ Wenn Sie versuchen, aus allem das Beste herauszuholen, können Sie sich hinterher sagen: „Ich habe mich wirklich bemüht." Auf die Art behält man seine Selbstachtung, selbst wenn man scheitert.

☐ Katastrophen-Denken und Verallgemeinerungen („Ich falle ja eh durch", „Es geht doch immer alles schief") bewirken Resignation und innere Lähmung. Meist hilft es, die bevorstehende Aufgabe zu konkretisieren und in kleine Stücke aufzubrechen: „Die Prüfung ist erst in vier Wochen. Wenn ich jeden Tag einen bestimmten Abschnitt durcharbeite, schaffe ich das Lernpensum."

☐ Wenn Sie sich in negative Selbstprophezeiungen und Ängste verrennen, setzen Sie den „Gedanken-Stopp" von Seite 28 ein – oder die Übung „Ich bin stark" von Seite 60.

☐ Ersetzen Sie kleinmütige Killerphrasen wie ein resigniertes „Da kann man nichts machen" durch: „Nichts ist unmöglich, bevor ich's nicht versucht habe."

▓ Anti-Misserfolgs-Mantra

Schreiben Sie folgende Sätze ab und kleben Sie sich den Zettel an den Computer, ans Telefon oder wohin auch immer:

☐ Ich habe das Recht, nicht perfekt zu sein, nicht alles zu wissen und zu können. Und was passiert ist, war wahrscheinlich nicht mein Fehler.

☐ Und selbst wenn: Es ist kein Weltuntergang. Ich verzeihe mir. Ich habe das Recht, Fehler zu machen.

☐ Nicht diejenigen sind die Helden, die niemals hinfallen, sondern die, die immer wieder aufstehen, so oft sie auch stolpern. Und das Hindernis, das ich vor mir habe, wird nicht ewig bestehen.

☐ Worin besteht das Hindernis und wie beseitige ich es? Was ist der erste Schritt? Packen wir's an.

■ Mit Humor geht's leichter

Menschen mit geringem Selbstvertrauen sind Meister im Schattenboxen und Schwarzmalen, kurz: Sklaven ihres negativen Denkens. Eins ihrer Hauptprobleme: Sie nehmen sich selbst und das Leben zu ernst. Gestatten Sie sich, wie ein Kind spielerisch an Dinge heranzugehen. Lernen

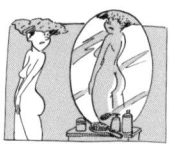

Sie, über sich selbst zu lachen! Gewinnen Sie dem Leben seine komischen Seiten ab! „Schulen" Sie Ihren Humor, indem Sie

☐ ein „Witzbüchlein" anlegen und griffbereit halten,

☐ Cartoons aus Zeitschriften ausschneiden und in der Wohnung aufhängen,

☐ satirische Bücher lesen und/oder

☐ selber lustige Begebenheiten sammeln, die Ihnen so begegnen.

Weiterhin hilfreich: Nehmen Sie eine witzige Person oder eine Humoristin zum Vorbild – wie würde sie mit Problemen umgehen?

Humor schafft diesen wunderbaren Abstand, mit dem wir uns in „lichten" Momenten wie ein Außenstehender betrachten können und so erkennen können, mit welch zum Teil absurden Befürchtungen wir uns selber das Leben schwer machen. Dies sind Momente, in denen wir uns sagen: Bin ich eigentlich bescheuert, dass ich mich von *so was* unterkriegen lasse?!

Wer es schafft, über seine Kümmernisse oder Niederlagen zu lachen, dem kann nicht mehr viel passieren. Wenn man zum Beispiel schon im Voraus verzagt: „Oh Gott, gleich werde ich rot/fange ich an zu schwitzen/zu zittern …" und sich darauf konzentriert, dass es nicht eintritt, wird es höchstwahrscheinlich gerade dann passieren. Besser kommt man dem bei, indem man solchen Dingen gegenüber Gelassenheit und Humor entwickelt: „Okay, dann werde ich halt rot. Ist ja 'ne schöne Farbe …", „Schwitzen ist gesund. Ich werde so viel schwitzen, dass ihr alle davonschwimmen könnt", „Ich bin ein Zitterrochen und verpasse euch mit meinen Zitterfingern elektrische Stöße, wenn ihr mir zu nahe tretet."

■ Packen wir's an!

Wissenschaftlich bewiesen: Die effektivste Art, seine Einstellung zu ändern – allem gegenüber, auch sich selbst –, ist: Handeln! Aktiv etwas angehen. Und dies ist gleichzeitig die beste Methode, das eigene Selbstbewusstsein zu stärken. Wer hingegen passiv abwartet und andere für sich entscheiden lässt, untergräbt sein Selbstvertrauen („Ich Idiot – hätte ich nur …!"). Je weniger man sich nämlich zutraut, umso größer erscheinen selbst lapidare Probleme; und man macht sie sich geradezu selbst. Die „Wenn-dann-Maschine" funktioniert so: Wenn ich das mache, dann passiert etwas Schreckliches (ich versage, komme nicht gut an, blamiere mich …). Dementsprechend versucht man, diesen hausgemachten Problemen von vornherein aus dem Weg zu gehen. Was wiederum dazu führt, dass man sich selbst als feige und schwach beschimpft. Durch diese Vermeidungstaktik nehmen Sie sich aber die Chance, Erfolge einzustreichen und so Vertrauen in Ihr Tun zu gewinnen. Denn je öfter Sie Probleme selbst gemeistert haben, desto zuversichtlicher werden Sie.

Natürlich müssen Sie auch mal Fehlschläge einstecken, wenn Sie eine Aufgabe oder ein Problem angehen. Aber dazu zu stehen und daraus zu lernen, ist ein Zeichen von Reife und Mut. Und wer wird sich denn von ein paar Misserfolgen entmutigen lassen?! Lernen und Sichentwickeln funktioniert größtenteils nach dem Prinzip *Versuch – Irrtum – Korrektur*. Das heißt: Wenn Sie etwas anpacken, dürfen Sie sich Fehler erlauben! Genehmigen Sie sich bei Bedarf ruhig drei Anläufe. Ein Leben ohne Risiko ist nämlich ein Leben der verpassten Gelegenheiten. Zudem: Erfolg in einem Bereich gibt Ihnen Selbstvertrauen, das sich auch auf andere Bereiche überträgt.

◆ Übung: Das kann ich!

Fangen Sie an mit der „Ich-bin-stark-Übung" aus dem Kapitel „Körperstrategien für mehr Selbstbewusstsein", Seite 60. Nach ein paar Minuten sagen Sie sich beim Einatmen: „Ich bin ruhig und bei mir. Ich habe Kontrolle", beim Ausatmen: „Ich bin stark. Ich schaffe es." Ein paar Atemzüge lang wiederholen.

Weitere Erfolgsformeln: „Das krieg ich schon hin", „Ich kann das", „Alles wird gut". ◆

■ Blockade oder Unfähigkeit?

Meine Schwester, die schon als Kind am liebsten auf Papas Schoß hinter dem Wagenlenkrad saß, redete mir früher immer ein, ich könne nicht Auto fahren. Das machte sie so gut, dass ich bei der ersten Führerscheinprüfung durchfiel. (Die Worte, die sie mir mit auf den Weg gab: „Das schaffst du sowieso nicht!" Die Worte, mit denen sie mich empfing: „Siehst du, ich hab's ja gesagt!") Auch die Jahre danach war ich eine so ängstliche und miserable Fahrerin, dass ich schließlich überhaupt nicht mehr fuhr, bis es eines Tages aus beruflichen Gründen nicht anders ging und ich mir einen Wagen zulegen musste. Bis dahin hatte ich aber genug Vertrauen in mich entwickelt, um mir zu sagen: Was jeder andere kann, schaffe ich auch! Und siehe da: Es ging ganz leicht. Und bis heute unfallfrei.

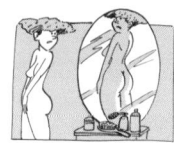

Will sagen: Manchmal hat man eine innere Blockade, die darauf zurückgeht, dass man sich etwas einredet oder hat einreden lassen. Etwa von einem Mathe-Lehrer, der die indirekte Botschaft vermittelte: Mädchen verstehen sowieso nichts von logischem Denken. Da heißt es als Gegenmaßnahme, sich einen Ruck zu geben, sich der Thematik zu öffnen. Möglicherweise stellt man sich sogar als Mathe-Genie heraus!

◆ Übung: Schwächen hinterfragen

Listen Sie diejenigen Schwächen auf, die Sie belasten, und klopfen Sie sie daraufhin ab, ob irgendjemand oder -etwas einmal eine diesbezügliche Blockade in Ihnen angelegt hat. Fragen Sie sich: Denke ich nur, denken andere nur, dass ich's nicht kann? Oder kann ich das wirklich nicht? ◆

Denn manchmal besitzt man für eine bestimmte Aufgabe oder Tätigkeit wirklich kein Talent. Das können Sie oft daran erkennen, dass Sie's immer wieder versuchen, aber einfach keinen Fortschritt sehen. Das permanente erfolglose Bemühen um eine Fertigkeit, die Ihnen nicht liegt, führt zu einem immer negativeren Selbstbild. Akzeptieren Sie lieber, dass Sie nicht perfekt sind, nicht alles können. Wenn man sich nämlich zu sehr in eine Schwäche verbeißt, kann diese eine Eigendynamik entwickeln: Sie überschattet schließlich unsere Stärken. Einem angeschlagenen Selbstbewusstsein tut es ohnehin besser, wenn Sie Ihre Stärken pflegen, statt zu versuchen Mankos auszumerzen. Andererseits erhöht sich natürlich mit jeder hinzugewonnenen Fähigkeit das Selbstwertgefühl. Doch wägen Sie Aufwand und Ertrag, Kosten und Nutzen gegeneinander ab:

■ Wenn Sie sich eine Fähigkeit aneignen

Sehen Sie zu, dass der Nutzen im reellen Verhältnis zum Aufwand steht! Wenn Sie zu viel Zeit, Mühe und Nerven investieren müssen, entsprechen die Anforderungen vielleicht nicht Ihren *Anlagen*. Kann sein, dass die zu erlernende Fähigkeit einfach nicht zu Ihnen passt (weil Sie beispielsweise eher technisch als sprachlich begabt sind). Kann aber auch sein, dass die *Rahmenbedingungen* nicht stimmen: Wer das Skifahren in einem Fortgeschrittenenkurs anfängt, wird wahrscheinlich scheitern. Oder Ihre *Erwartungen* sind zu hoch. Eine Freundin von mir wollte Jazztanz lernen und nahm eine Probestunde in einem Fitness-Studio.

Da die anderen schon viel weiter waren, konnte sie nicht mithalten und geriet immer wieder aus dem Takt. Mitten während der Stunde rannte sie aus dem Raum und stand kurz darauf tränenüberströmt vor meiner Tür: „Ich habe mich angestellt wie ein Volltrottel …!"

■ Wie steht's mit Ihren Stärken?

Wie schon erwähnt, neigen Frauen dazu, ihre Schwächen überzubetonen und ihre Stärken herunterzuspielen. Wenn überhaupt, messen sie sich nur an den typisch erfolgsorientierten Stärken wie solchen, die mit hohem Status, Macht oder Geld verbunden sind. Sie blicken neidvoll auf Berufe mit „tollem" Image (z.B. in Werbung und Medien). Sie verleugnen ihre Jazztanz-Fähigkeiten, weil sie auf die „Image-Sportarten" schielen. Aber: Erstens brauchen Sie kein Tenniscrack zu sein – wenn Sie *überhaupt* Tennis spielen, haben Sie den meisten Leuten schon etwas voraus!

> **Kreativität trägt zur Selbstbestätigung bei. Jeder Mensch – wirklich jeder! – ist auf irgendeinem Gebiet kreativ (künstlerisch, sprachlich, handwerklich, beim Kochen, beim Basteln usw.). Probieren Sie's aus!**

Zweitens blühen sehr viele Stärken im Verborgenen: ein Händchen für Kinder, Tiere, Pflanzen; ein Geschick für Handarbeiten; Koch- oder Backkünste; Zuhören- oder Trösten-Können; Menschenkenntnis; die Gabe, andere zu fördern. Möglicherweise sind Sie auch eine Top-Kellnerin oder -Verkäuferin, haben Ihren Haushalt prima im Griff, sind zärtlich, eine gute Liebhaberin …

Zudem erkennen Sie Stärken nicht unbedingt daran, dass Sie in einer Sache besser sind als andere oder dass man Ihnen das zuschreibt. Sondern daran, dass Sie anderen und/oder sich selbst damit etwas Gutes tun (etwa, gezielt entspannen zu können) und dass sie Ihnen persönliche Befriedigung verschaffen.

Stärken hingegen, die nicht mit einem guten Gefühl verbunden sind, sollten Sie gegensteuern, sie quasi einfrieren. Wenn Sie nämlich eine Stärke nur „ausagieren", weil man es von Ihnen erwartet – Sie als Organisationstalent organisieren zum Beispiel einen großen Kaffeeklatsch –, wehrt sich Ihr Inneres in Form von Überdruss, Müdigkeit oder anderen körperlichen Beschwerden.

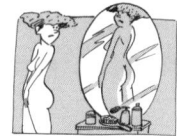

◆ Übung: Stärken-Liste

Schreiben Sie doch mal auf, welche Stärken Sie – unter den oben genannten Kriterien – haben. Ihrer Fantasie sind keine Grenzen gesetzt. Fragen Sie auch Ihre Mitmenschen, welche Stärken sie in Ihnen sehen – Sie werden wahrscheinlich überrascht sein! Falls Ihnen all das schwer fällt, dann stellen Sie sich vor, Sie müssten sich selbst ein Empfehlungsschreiben ausstellen oder eine möglichst ausführliche Bewerbung schreiben – zum Beispiel für eine Stelle als „Mensch" und „Multitalent". Diese Übung wird Ihnen bewusst machen, dass Sie jede Menge Stärken besitzen, die Ihnen ein erfülltes Leben ermöglichen – wenn Sie sie wirklich nutzen! ◆

■ Vom Umgang mit Schwächen

Donald O. Clifton, US-Professor für Schulpsychologie, schreibt in seinem Buch „Stärken richtig fördern": „Wir schätzen, dass auf jede unserer Stärken etwa tausend Schwächen kommen. Dieses Verhältnis zeigt, dass der Versuch, all unsere Schwächen zu überwinden, eine ungeheure Energieverschwendung wäre."

Und deprimierend obendrein! *Cliftons* Fazit: „Es gibt keine Wundermittel gegen Schwächen. Ziel ist es, sie zu managen, damit die Stärken freigesetzt und so entwickelt werden können, dass sie die Schwächen bedeutungslos machen."

Und wie „managt" man Schwächen?

☐ Hören Sie auf, sich für Ihre Schwächen zu rechtfertigen und zu entschuldigen! („Wenn ich jünger wäre/eine bessere Schulbildung bekommen hätte/besser aussähe/ …") Stehen Sie einfach dazu, dass etwas nicht Ihre Stärke ist!

☐ Lernen Sie Delegieren. Geben Sie Tätigkeiten, mit denen Sie sich über Gebühr abmühen müssten (wie Tippen, Steuererklärungen ausfüllen, bestimmte Haushaltsdinge), möglichst an andere ab, denen sie leichter von der Hand gehen. Das kostet Sie meist weniger, als wenn Sie wertvolle Zeit und Energie vergeuden.

☐ Arrangieren Sie Tauschgeschäfte. Angenommen, Sie sind schlecht im Geschäftsbriefe-Schreiben, aber eine Bombe in Buchführung. Und Sie haben eine Kollegin, der's genau umgekehrt geht. Also können Sie vereinbaren, sich da gegenseitig auszuhelfen. Im Privatbereich praktizieren Sie das vielleicht schon: Eine Bekannte repariert Ihr Fahrrad, dafür flicken Sie ihre Klamotten.

☐ Arbeiten Sie mit Hilfsmitteln. Wenn Sie schwach in Grammatik sind, besorgen Sie sich Nachschlagewerke oder ein Rechtschreibprogramm für den Computer. Bei Defiziten in der Computeranwendung lassen Sie sich fachlich einweisen. Bei mangelnden Fremdsprachenkenntnissen belegen Sie einen Kurs vor Ort oder einen Fernlehrgang. Kurz: Nutzen Sie die Vielfalt der heutigen Möglichkeiten.

☐ Suchen Sie nach Alternativen. Ich begann mein Studium mit dem Ehrgeiz, eine erfolgreiche Journalistin zu werden. Moderatorin, dachte ich mir, wäre ein erfolgsträchtiger Job. Irgendwann schaffte ich es, sowohl im Radio als auch in einem kleinen Privatfernsehsender zu sprechen. Aber es kostete mich ungeheuer viel Kraft und Nerven, und das Ergebnis war nicht besonders überzeugend. Also verlegte ich mich auf das, was mir ungleich leichter fällt: Schreiben.

Will sagen: Wenn Sie etwas anstreben und es „flutscht" einfach überhaupt nicht, überlegen Sie sich, ob Sie dasselbe Ziel nicht anders erreichen können. Lassen Sie sich von Ihren Mitmenschen bei der Ideensammlung helfen.

☐ Verwechseln Sie nicht Sehnsucht mit Talent! Etliche Menschen sehnen sich beispielsweise danach, berühmt zu sein und von vielen bewundert zu werden, und geben eine Menge Geld für Schauspiel- oder Gesangsunterricht aus.

Aber selbst der beste Lehrer macht aus einer Krähe keine Callas. Er wird's Ihnen nicht unbedingt auf die Nase binden, denn er verdient ja an Ihnen. Aber Sie sollten ihn irgendwann unter vier Augen bitten, Ihnen ehrlich zu sagen, ob Sie Talent haben.

☐ Vermeintliche Schwächen sind manchmal eine reine Wissens- oder Kenntnisfrage. Alle anderen wissen oder können etwas, das Sie nicht im Repertoire haben. Zum Beispiel gesellschaftlichen Schliff. Sie sind eingeladen bei feineren Leuten und fühlen sich plötzlich wie der letzte Bauer: Wie begrüßt man sich? Im Stehen oder im Sitzen? Welches Glas für welchen Wein, welche Gabel für welchen Gang? Anderes Beispiel: Bei einer Feier wird die meiste Zeit über Kunst geredet. Sie verstehen nicht viel davon, können nicht mitreden, kommen sich ziemlich überflüssig vor. Leider machen viele Menschen dann den Fehler, solche (Wissens-)Lücken zu verallgemeinern, sie auf ihre ganze Person zu übertragen. Besser fürs Selbstwertgefühl wäre es, sich *entweder* die gefragten Spezialkenntnisse anzueignen *oder* anzuerkennen, dass man nicht alles wissen kann.

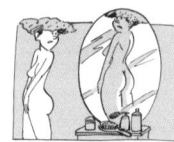

■ Positive Anker

Unter „Anker" versteht man einen Reiz, der eine Erinnerung, ein bestimmtes Gefühl auslöst: ein Foto, ein Musikstück, ein Geruch … Positive Anker können Sie gezielt einsetzen, um Ihre Stimmung zu heben, um sich selber Kraft zu geben, Mut zu machen, sich aus inneren Verkrampfungen zu lösen.

Sie können sich eine ganze Reihe von sinnlichen Ankern zusammenstellen, etwa einen Duft, der Sie an eine Situation erinnert, in der Sie selbstsicher waren. Das kann ein Parfum sein, aber auch Sonnenöl (Sommer! Strand!), Babypuder, Backaroma …

Oder optische Anker: ein Foto aus einer schönen Zeit, ein besonders gelungenes Bild von Ihnen, ein Maskottchen, ein Knopf, ein Schal – irgendein Symbol, das Sie mit Selbstsicherheit oder Kraft verbinden.

Ein Fühl-Anker wäre etwas, das Sie immer bei sich tragen können und dessen Berührung positive Empfindungen auslöst. Oder ein Lieblings-Kleidungsstück. Ein Hör-Anker kann ein Lied sein, mit dem Sie gute Momente verbinden, das Sie auf Abruf vor Ihrem inneren Ohr hören oder vor sich hinsummen (oder -singen). Oder aufbauende Worte, die Ihnen einmal jemand gesagt hat.

Es gibt auch „interne" (= innere) Anker: Sie denken sich ein bestimmtes Stichwort für eine tolle Erinnerung aus. Angenommen, die Begebenheit stammt aus Ihrem letzten Urlaub, dann könnte das Stichwort: „Lanzarote" lauten. Oder bei einem sportlichen Sieg: „Marathon '94". Natürlich gibt es auch negative Anker: die Sie an etwas Unangenehmes erinnern, etwa an Menschen oder Dinge, die Sie herunterziehen. Verbannen Sie sie weitmöglichst aus Ihrem Leben! Umgeben Sie sich stattdessen mit Dingen, die Ihre Laune und Ihr Selbstbewusstsein heben!

Die eigenen Bedürfnisse erforschen

■ Gefühle – horchen Sie auf Ihr Innerstes

Um zu wissen, was Sie wirklich wollen und brauchen, müssen Sie Zugang zu Ihrem „Innersten" haben, denn nur hier enthüllt sich unser „wahres Ich". Der Weg führt über Ihre Gefühle und Sehnsüchte. Aber die sind manchmal so verschüttet – durch Alltagshektik und die ständigen Anforderungen unserer Umwelt, durch eine „gefühlsarme" Erziehung, durch Unterdrückungsmechanismen –, dass Sie sie erst wieder „ausbuddeln" müssen. Je mehr Sie sich aber mit Ihren Gefühlen beschäftigen, je öfter Sie in sich hineinhorchen, desto deutlicher werden sie allmählich wieder zutage treten.

In unserer leistungsorientierten, vernunftbetonten Gesellschaft gelten Gefühle nicht viel, werden oft sogar als hinderlich betrachtet – doch sie bestimmen zu einem wesentlichen Teil unsere Identität und machen uns klar, was gut für uns ist.

Wie gehen Sie allgemein mit Gefühlen um? Unterdrücken Sie „negative" Anwandlungen wie Wut, Neid, Eifersucht, Frust, Verletztsein? Vielleicht haben Sie Angst vor der vermeintlichen Unkontrollierbarkeit solcher Emotionen oder davor, Sie könnten wegen dieser „bösen" Gefühle abgelehnt werden. Manchen Frauen wurde auch durch ihre Erziehung oder wird durch ihren Partner nahe gelegt, ihre Gefühle weitgehend für sich zu behalten, um anderen nicht „lästig" zu fallen. Machen Sie sich bewusst, dass Sie ein Recht auf Gefühle haben!

◆ Übung: Gefühls-Detektivin

Richten Sie ein paar Tage lang Ihr Augenmerk auf Ihre Gefühle. Halten Sie immer wieder inne und fragen Sie sich: Wie fühle ich mich gerade? Und warum fühle ich mich so? Versuchen Sie, das genaue Gefühl zu artikulieren, also nicht nur: „Ich habe schlechte Laune", sondern „Ich bin mit mir unzufrieden, weil ich mich schon wieder vom Chef habe herumkommandieren lassen". Nicht: „Mir geht's irgendwie schlecht", sondern „Ich bin deprimiert, dass mein Mann nicht anerkennt, wie viel ich für ihn tue". Macht Arbeit, ist aber noch effektiver: ein „Gefühlstagebuch". Gehen Sie darin

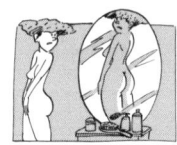

Ihren Empfindungen auf den Grund. Viele überbordende Gefühle entstehen zum Beispiel aus Frustration und aus Enttäuschung: weil jemand mehr von Ihnen nimmt, als er gibt, Sie zu wenig schätzt, Ihnen ein Gefühl von Machtlosigkeit und von Abhängigkeit vermittelt. ◆

Folgende Übung führt Sie auf eine andere Art zu Ihren Gefühlen hin:

◆ Übung: Tag des Körpers

Machen Sie zuerst die Übung „Tag der Sinne" (Seite 37) aus dem Kapitel „Alles eine Frage der Optik?" Sehen Sie dafür vielleicht einen Samstag vor. Der „Tag des Körpers" folgt dann am Sonntag. Beschäftigen Sie sich von morgens bis abends damit, was der Körper Ihnen sagen will, und werden Sie sensibel für Signale. Etwa für seine gedrückte Haltung, den Knoten im Bauch, den Kloß im Hals, für kalte Füße, feuchte Hände, das „schwere" Herz oder dass Sie sich nicht wohl fühlen in Ihrer Haut. Schulen Sie Ihre Wahrnehmung darauf, wie Ihr Körper in bestimmten Situationen reagiert. Letzteres geht natürlich besser, wenn Sie die Übung auf mehrere Tage ausdehnen.

Legen Sie sich auch mal hin, atmen Sie ruhig, gehen Sie den Körper in Gedanken durch: Ist etwas blockiert, steif, tut etwas weh, fühlt sich seltsam an?

Wenn Sie „irgendwie" unzufrieden oder unglücklich sind, können Sie dieses Gefühl während der Entspannungsphase auch in sich hochsteigen lassen. Ist es verknüpft mit einem Problem, das Sie gerade beschäftigt? Was ist der Kernpunkt daran? Welche Worte und/oder Bilder kommen Ihnen dazu in den Sinn? Was könnte Ihnen helfen? ◆

■ Sehnsüchte und Bedürfnisse: Was will ich überhaupt?

„Der heikle Punkt, an dem Frauen knacken, ist die Rollenvorgabe", sagt die Psychotherapeutin *Renate Degner.* „Ist es wirklich mein Bedürfnis, die Wohnung picobello sauber zu halten, oder will ich eher, dass alle Leute denken, ich bin eine gute Hausfrau, und entspreche damit einer – vermeintlichen – Erwartung? Wenn man falsche Bedürfnisse annimmt, führt das zu einem entfremdeten Ich, und dieses Ich merkt meist gar nicht, dass das ständige Putzen und Staubsaugen eigentlich eine fremde

Erwartung ist. Was es vielleicht merkt: Unlustgefühle. Deprimiert-Sein. Oder dass man erwartet, für dieses Verhalten ‚belohnt‘ zu werden – etwa mit Anerkennung, Dankbarkeit, Liebe.“

Woran erkennen Sie, dass etwas Ihren eigenen Wünschen und Sehnsüchten entspricht und nicht den Erwartungen anderer?

Was die kleinen Sehnsüchte, die alltäglichen Bedürfnisse betrifft: Falls der Gedanke daran, das intensive Ausmalen in der Fantasie Sie mit einer Art innerem Lächeln und mit Wohlbefinden erfüllt, dann ist es „echt“. Nehmen Sie sich jeden Tag ein paar Minuten Zeit, um sich solchen Fantasien hinzugeben.

Und die größeren Sehnsüchte? „Wenn etwas in verschiedenen Lebensstationen wiederholt auftaucht, was Sie immer mal versuchen wollten, wo es Sie immer hingezogen hat oder was in Ihren Träumen immer wiederkehrt – da kommt ein Stück Identität durch“, erklärt *Renate Degner*. „Manchmal steht so eine Sehnsucht auch für etwas Tieferes, was in Ihnen schlummert. Zum Beispiel kann der Wunsch, Sprachen zu lernen, für das Bedürfnis stehen zu reisen, die Welt zu sehen. Aber vielleicht ist die Verwirklichung dieses Traumes nur im Alleingang möglich, und das macht Angst. Oder vielleicht steht noch ein tieferes Bedürfnis dahinter, wie: etwas ganz allein durchzuziehen, sich autonom zu bewegen – aber die Auseinandersetzung findet auf einer unterbewussten Ebene statt.“

Sie rät: Nehmen Sie Ihre Sehnsucht ernst, nehmen Sie sich des Themas an, lassen Sie es hin und her kreisen, malen Sie ein Bild dazu, wenn Sie wollen, holen Sie sich Info-Material. „Dann kommen Sie darauf: Ist es wirklich die Sprache? Würde es mich befriedigen, einen Kurs an der Volkshochschule zu belegen? Wenn Sie’s nicht wissen: probieren Sie’s aus, und Sie werden bald spüren, ob es das Richtige ist. Auf jeden Fall werden sich neue Türen öffnen.“

Ihre Gefühle und Sehnsüchte weisen Ihnen den Weg zu Zielen, die Sie glücklicher machen. Aber träumen Sie nicht nur davon – realisieren Sie sie! Hier ein paar Richtlinien, wie Sie leichter ans Ziel kommen:

■ Ziele formulieren – fünf goldene Regeln

☐ *Politik der kleinen Schritte.* Manche Ziele sind zu groß, scheinen unerreichbar. Teilen Sie sie in kleinere Zwischenziele auf! *Beispiel:* Oberziel: Selbstsicher reden lernen. a) Komplimente und Lob annehmen, b) Lob austeilen, c) Kritik annehmen, d) kritisieren lernen. Setzen Sie sich für jeden Schritt Zeitlimits.

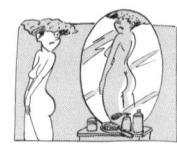

☐ *Positiv.* Wenn Sie Vorsätze negativ formulieren, etwa „Ich will nicht mehr rot werden", „Ich darf nicht mehr unsicher sein", sieht das Unterbewusstsein unwillkürlich Bilder von „rot werden" und „unsicher" und stellt sich darauf ein. Sicher kennen Sie folgendes Spiel: Denken Sie jetzt nicht an einen rosa Elefanten. Na? Ich möchte wetten, zumindest für einen winzigen Moment haben Sie sich den Elefanten vorgestellt. „Nicht" überhört das Unterbewusstsein in diesem Fall. Also: Formulieren Sie alle Vorsätze, Selbsteinreden und Ziele positiv! Und zwar so, dass sie das Unerwünschte nicht mehr enthalten: „Mein Gesicht bleibt angenehm kühl", „Ich bin gelassen und sicher."

☐ *Kein „muss" und kein „sollte".* Damit setzen Sie sich unnötig unter Druck. Etwa: „Ich muss mich mehr durchsetzen", „Ich sollte endlich härter sein". Sagen Sie's netter und so, als ob's schon Realität wäre: „Ich setze mich mehr durch", „Ich habe Mut und Biss."

☐ *Konkret.* „Ich will selbstbewusster werden" – damit kann Ihr Unterbewusstsein vielleicht nicht so viel anfangen. Was genau verstehen Sie unter „selbstbewusst" – verknüpfen Sie damit bestimmte Vorstellungen? Lassen sie sich in Bilder umsetzen?
Beispiel: „Ich gehe offener auf Leute zu."

☐ *Ichbezogen.* Das bedeutet erstens, das es *Ihr* Ziel ist – und nicht etwas, das jemand anders für gut hält. Das Ziel sollte auch mit Ihren persönlichen Wertvorstellungen im Einklang sein. Zweitens bedeutet „Ichbezogen", dass Sie den Vorsatz *auf sich* beziehen. Also nicht: „Die anderen sollen mich mehr mögen", sondern: „Meine Ausstrahlung wird immer sympathischer."

■ Zielhilfen

☐ Teilen Sie jemandem, der Ihnen Gutes will (etwa Ihrer besten Freundin), Ihre Entschlüsse mit („Ich arbeite daran, selbstbewusster zu werden/mich besser zu behaupten/…"). Das gibt Ansporn in zweierlei Hinsicht. Erstens: Wenn diese Person Ihnen tatsächlich gewogen ist, wird sie Sie unterstützen. Zweitens: Da Sie sie nicht enttäuschen wollen, besteht mehr Anlass, die notwendigen Schritte wirklich einzuleiten.

☐ Bilden Sie formelhafte Vorsätze. In allgemeiner Form wie: „Es geht mir jeden Tag besser" oder spezieller: „Ab heute erlaube ich mir, mein Leben zu genießen und nach meinen Vorstellungen zu gestalten, auch wenn das anderen nicht immer passt." Wiederholen Sie diese Vorsätze täglich laut, schreiben Sie sie auf, verteilen Sie die Zettel überall.

◆ **Übung: Visionieren**

Denken Sie sich ein Bild oder eine Szene aus, wo Sie Ihr Ziel erreicht haben. Aktivieren Sie Ihr Unterbewusstsein, Ihr Vorstellungsvermögen über möglichst viele Sinneskanäle: Sehen, Hören, Fühlen (zum Beispiel wohliges und warmes Gefühl im Körper), eventuell auch Schmecken und Riechen. Wie sind Sie gekleidet, wie sieht Ihre Umgebung aus?

Aber: Was wäre, wenn Sie's tatsächlich schaffen? Würden Sie irgendetwas verlieren? Welche Nachteile könnten sich ergeben? Wie würde sich Ihr Leben ändern? Visionieren Sie auch diese Aspekte und variieren Sie sie so, dass Sie damit klarkommen bzw. sie hinnehmen könnten oder sie sogar zu Vorteilen werden. Ändern Sie das Bild so lange, bis Sie sich von der ganzen Vorstellung angezogen fühlen. Erst wenn Ihre Zukunftsvision in allen Punkten „annehmbaren" Charakter hat, wird das Visionieren Ihnen immer mehr Mut geben, sich quasi wie von selbst in die richtige Richtung zu bewegen. Schwelgen Sie jeden Tag ein paar Minuten in der positiven Vision. ◆

In der Entspannung ist das Unterbewusstsein besonders aufnahmebereit für Selbstbeeinflussung. Bevor Sie also visionieren, wäre es gut, eine der Entspannungstechniken aus dem Kapitel „Körperstrategien" durchzuführen. Günstig ist auch der wohlige Dämmerzustand im Bett vorm Einschlafen oder beim Aufwachen.

■ Soll ich – oder soll ich lieber nicht?

Entscheidungen – tagtäglich sind wir damit konfrontiert. Das beginnt schon bei simplen Alltagsdingen: Schwarzer Pullover oder blauer? Was essen? Bus oder Fahrrad? Welcher Film? Fehlgriffe sind hier zwar weniger dramatisch. Aber Entscheidungsschwäche wird problematisch, wenn man darunter leidet, wenn sie lähmt und krank macht, wenn sie auch andere belastet.

Denn Menschen, die sich nie entschließen können, nerven unheimlich. Jeder kennt sie, die ewigen Zauderer, die schon zu spät zur Verabredung ins Restaurant kommen, weil sie noch ihren halben Kleiderschrank durchprobieren mussten. Und während wir mit knurrendem Magen längst bestellen wollen, sitzen sie da und verzweifeln am breiten Angebot der Speisekarte.

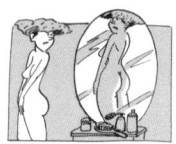

Bei größeren Entscheidungen haben wir schon mehr Verständnis. Aber es hört da auf, wo ein Mensch sein Leben nicht nach seinen Vorstellungen gestaltet, sondern es vor lauter Entschlusslosigkeit dem Zufall oder anderen Faktoren oder Menschen überlässt. Das trägt nicht gerade zur Selbstachtung bei! Sondern führt unweigerlich zu Frustration und Verbitterung.

Für den Marburger Psychotherapeuten *Dr. Wolfgang Rost* gehören Entscheidungsnöte sogar zu den Grundängsten des Menschen. Hinter jeder Unschlüssigkeit steckt zuerst einmal die Befürchtung, sich falsch zu entscheiden, es hinterher bereuen zu müssen. Das ist auch gut so, weiß der Fachmann: Es bewahrt (oft) vor Schaden. Aber manchmal sind die Ängste, die der Zwickmühle zugrunde liegen, überzogen oder irrational – und uns oft nicht einmal bewusst. Wenn Entschlusslosigkeit unverhältnismäßig viel Kraft, Nerven und Zeit kostet, hilft es, sich über die tieferen Ursachen klar zu werden. Das können sein: Angst vor dem Unbekannten, vor Verantwortung, vor dem Versagen, vor finanziellem Verlust und Angst etwas zu verpassen.

Aber was auch immer einen beeinflusst: Hauptsache, man schlägt überhaupt einen Weg ein und macht sich nicht zum Spielball anderer. Denn wer irgendwann einmal zurückblickt, wird feststellen, dass die wenigsten Entscheidungen zufällig waren. Und dass sie langfristig meist einen Sinn ergeben – selbst wenn sie kurzfristig falsch erschienen. Zudem bereuen wir Unterlassungen meist viel stärker als das, was wir vielleicht irrtümlich getan haben. Das zeigen internationale Forschungen immer wieder. Riskieren wir etwas, können wir später immerhin sagen: Ich hab's wenigstens versucht.

◆ **Übung: Erste Hilfe bei akuter Entscheidungsschwäche**
Listen Sie sorgfältig alle Entscheidungsmöglichkeiten auf. Und zwar jede einzelne auf einem extra Blatt, das Sie in zwei Spalten unterteilen: Was spricht dafür? Was spricht dagegen? Und jedesmal, wenn Ihnen etwas einfällt, notieren Sie es. Was auf dem Papier steht, belastet Ihren Kopf nicht mehr, bringt Übersicht und mehr Durchblick.
☐ Geben Sie den Pros und Contras eine Gewichtung: Welche Punkte haben für Sie Priorität?
☐ Fragen Sie sich dann bei jeder Möglichkeit: Was kann mir schlimmstenfalls passieren? Notieren Sie das ebenfalls auf dem

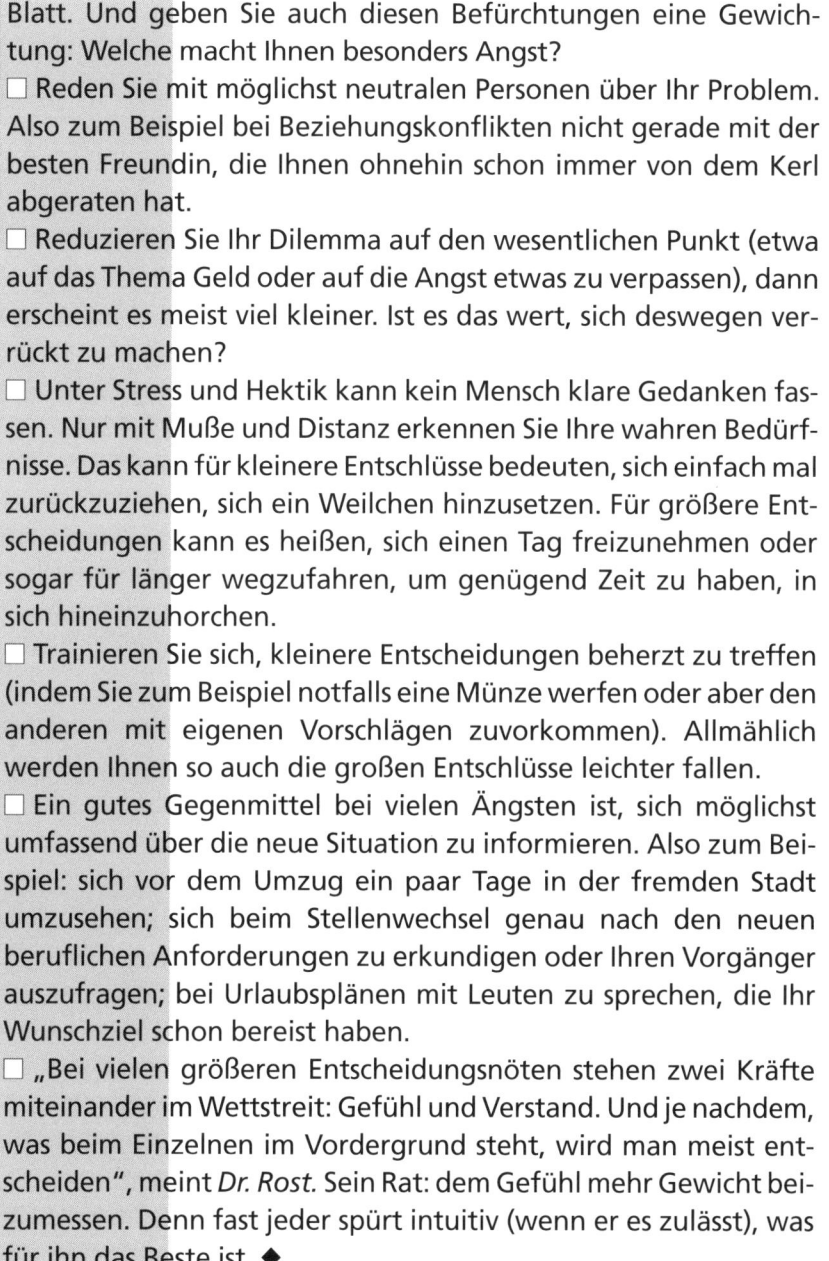

Blatt. Und geben Sie auch diesen Befürchtungen eine Gewichtung: Welche macht Ihnen besonders Angst?

☐ Reden Sie mit möglichst neutralen Personen über Ihr Problem. Also zum Beispiel bei Beziehungskonflikten nicht gerade mit der besten Freundin, die Ihnen ohnehin schon immer von dem Kerl abgeraten hat.

☐ Reduzieren Sie Ihr Dilemma auf den wesentlichen Punkt (etwa auf das Thema Geld oder auf die Angst etwas zu verpassen), dann erscheint es meist viel kleiner. Ist es das wert, sich deswegen verrückt zu machen?

☐ Unter Stress und Hektik kann kein Mensch klare Gedanken fassen. Nur mit Muße und Distanz erkennen Sie Ihre wahren Bedürfnisse. Das kann für kleinere Entschlüsse bedeuten, sich einfach mal zurückzuziehen, sich ein Weilchen hinzusetzen. Für größere Entscheidungen kann es heißen, sich einen Tag freizunehmen oder sogar für länger wegzufahren, um genügend Zeit zu haben, in sich hineinzuhorchen.

☐ Trainieren Sie sich, kleinere Entscheidungen beherzt zu treffen (indem Sie zum Beispiel notfalls eine Münze werfen oder aber den anderen mit eigenen Vorschlägen zuvorkommen). Allmählich werden Ihnen so auch die großen Entschlüsse leichter fallen.

☐ Ein gutes Gegenmittel bei vielen Ängsten ist, sich möglichst umfassend über die neue Situation zu informieren. Also zum Beispiel: sich vor dem Umzug ein paar Tage in der fremden Stadt umzusehen; sich beim Stellenwechsel genau nach den neuen beruflichen Anforderungen zu erkundigen oder Ihren Vorgänger auszufragen; bei Urlaubsplänen mit Leuten zu sprechen, die Ihr Wunschziel schon bereist haben.

☐ „Bei vielen größeren Entscheidungsnöten stehen zwei Kräfte miteinander im Wettstreit: Gefühl und Verstand. Und je nachdem, was beim Einzelnen im Vordergrund steht, wird man meist entscheiden", meint *Dr. Rost*. Sein Rat: dem Gefühl mehr Gewicht beizumessen. Denn fast jeder spürt intuitiv (wenn er es zulässt), was für ihn das Beste ist. ◆

Körperstrategien für mehr Selbstbewusstsein

■ Starker Körper, starkes Ego

Mir persönlich hat Sport beim Aufbau meines Selbstbewusstseins enorm geholfen. Günstig sind solche Sportarten, die Bauch und Rücken kräftigen, wie Schwimmen, Fitness-Training, Gymnastik. Damit stärken Sie nämlich Ihr Rückgrat auch im übertragenen Sinne: Sie werden automatisch aufrechter; das strahlt nach außen Sicherheit aus, was Sie wiederum im *Rückkoppelungseffekt* selbstbewusster macht. Und ein kraftvoller, beweglicher Körper trägt enorm zum Wohlbefinden bei, denn er fühlt sich einfach gut an! Eine Steigerung der physischen Kraft erhöht gleichzeitig die seelische – oder können Sie sich einen muskelbepackten Menschen vorstellen, der sich alles Mögliche gefallen lässt? Mit der Kontrolle über den eigenen Körper erhöht sich das Gefühl der Sicherheit, der allgemeinen Kontrolle über sich. Bei vielen Sportarten geht man Risiken ein, überwindet Angst, geht an seine Grenzen – und überträgt das auch auf andere Lebensbereiche. Man wird stolz auf die neu erworbenen Fähigkeiten, auf seinen Körper, der nicht zuletzt ja auch schlanker und fester wird.

Manchen Frauen tut Yoga gut, andere brauchen eher Bewegungsarten, die schneller, „spannender" oder mehr zum Abreagieren geeignet sind. Betätigen Sie sich zwei- bis dreimal die Woche. Aber muten Sie sich nicht zu viel zu, sonst halten Sie sich gleich für unsportlich, nur weil Sie Ihr Soll nicht erfüllen. Treffen Sie, wenn nötig, Vorbereitungen. Wenn Sie etwa mit Aerobic anfangen wollen, aber sich nicht ins Studio trauen, können Sie erst mal zu Hause mit Videos trainieren.

■ Entspannungstechniken und Entspannungsübungen

Unsicherheit beruht auf Ängsten. Und in Angstsituationen neigen wir dazu, bestimmte Körperbereiche zu verspannen (biologisch gesehen, macht man sich bereit für Flucht oder Angriff). Wer lernt, dann gezielt zu relaxen, hat schon ein gutes Stück gewonnen. Denn Angst und Entspannung passen nicht zusammen. Loslassen lernen hat noch einen weiteren Vorteil: Sie bekommen ein besseres Gespür dafür, wann und in welchen Körperpartien Sie verkrampfen. Die bekannteste Entspannungstechnik ist das *autogene Training*. Hierin kann Sie nur eine Fachkraft schulen (zum Beispiel in Volkshochschulen, Therapie-Einrichtungen), es verlangt Zeit und intensives Training. Aber wer autogenes Training beherrscht, hat eine tolle Methode gegen alle möglichen seelischen und körperlichen Störungen zur Hand. Schneller und leichter – auch in Eigenregie – zu erlernen ist die *Tiefmuskel-Entspannung (TE)*. Sie ist gleichzeitig wohltuend für Kreislauf, Atmung und Nerven.

Die folgenden Übungen – das gilt auch für die „Entspannungsatmung" und die anderen Übungen weiter unten – lesen Sie vor der Umsetzung am besten ein paarmal durch. Optimal wäre es, wenn Sie sie auf Kassette sprechen würden – schön langsam, mit Pausen. Übrigens: Falls Sie ernstere Herz-Kreislauf-Probleme haben, sollten Sie die Übungen nur unter fachlicher Aufsicht ausführen!

Tipps fürs Üben:

☐ Üben Sie an einem leicht verdunkelten, ungestörten Ort. Befreien Sie sich von allem Beengenden (Kleidung, Brille, Ringe).

☐ Üben Sie zunächst im Liegen auf einem weichen Teppich, einer Wolldecke oder einer Matte.

☐ Legen Sie sich auf den Rücken, schließen Sie die Augen und suchen Sie eine vollkommen angenehme Körperstellung.

☐ Später üben Sie im Sitzen, und zwar im „Droschkenkutschersitz": Setzen Sie sich in einen Sessel oder auf einen bequemen Stuhl, mit den Füßen entspannt auf dem Boden und leicht geöffneten Knien. Legen Sie die Unterarme auf die Oberschenkel, die Hände baumeln zwischen den Beinen herab. Der Kopf hängt locker nach unten. Diese Haltung sollte sich ganz entspannt anfühlen. Ist das nicht der Fall, können Sie versuchen, Rücken und Kopf an die Lehne anzulehnen.

◆ Übung

☐ Rechte Hand fest zur Faust ballen; fühlen Sie die Anspannung im Zeigefinger, Mittelfinger, Ringfinger, kleinen Finger, im Unterarm; loslassen, lockern. Spüren Sie die Entspannung. Dann das Ganze mit der linken Hand: fest anspannen, 6 bis 8 Sekunden halten – nicht verkrampfen, ruhig atmen! –, loslassen. Fühlen Sie, wie die Spannung aus Hand und Unterarm entweicht und wie sich vielleicht ein leichtes Wärme- oder Schweregefühl ausbreitet. Dann die Oberarme: Pressen Sie sie fest gegen die Unterlage – halten –

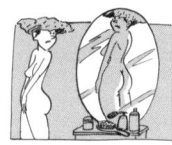

loslassen. Die Schultern: Ziehen Sie sie Richtung Ohren, höher, noch höher – sinken lassen. Nacken: Drücken Sie den Kopf gegen den Boden, spüren Sie die Spannung bis in den vorderen Hals – ruhig atmen! – loslassen.

Das Gesicht: Augen auf, Stirn runzeln, Brauen Richtung Haaransatz ziehen – loslassen, Augen wieder zu. Jetzt Zähne und Lippen aufeinander pressen, Zunge gegen den Gaumen drücken, das ganze Gesicht ist angespannt. Zum Lösen Mund öffnen, Unterkiefer hängen lassen.

Jetzt ziehen Sie den Bauch ein, pressen den Rücken gegen den Boden. Bemerken Sie beim Entspannen, wie das Blut warm in Ihren Bauch strömt.

Beine (einzeln oder beide gleichzeitig): Zehen nach oben richten, Ferse von sich wegdrücken – Spannung im ganzen Bein fühlen – lockern. Zum Ende erspüren Sie die wohlige Entspannung und die schwere Wärme des gesamten Körpers.

Falls Sie anschließend nicht ohnehin schlafen wollen, rekeln und strecken Sie sich, gähnen herzhaft, bewegen dann Arme und Beine und sagen laut: Aufwachen!

Trainingsaufwand: ein- bis zweimal täglich 15 bis 20 Minuten, sechs Wochen lang, danach jeweils bei Bedarf (etwa als Einschlafhilfe).

Wenn Sie wenig Zeit haben, können Sie auch versuchen, den ganzen Körper bzw. so viele Muskeln wie möglich auf einmal anzuspannen usw., und dies zwei- bis dreimal wiederholen. Oder – wenn Sie unter Menschen sind – machen Sie die Übung unauffällig mit einzelnen Muskelpartien (wie Gesäß, Arme, Beine). Was vielen auf die Schnelle hilft: Ellenbogen gegen die Taille pressen, Bauchmuskeln anspannen und die Anspannung ausatmen – falls es die Situation erlaubt, mit einem zischenden „Sssss". ◆

▪ Entspannungsatmung

Bei Angst oder bei Stress ist die Atmung oft zu flach und zu kurz. Das verstärkt die Anspannung. Wichtiger als das tiefe Einatmen ist das Ausatmen, denn es bedeutet „Loslassen". Die meisten Frauen atmen überwiegend in die Brust (was nicht zuletzt mit engen Hosen- oder Rockbünden zusammenhängt!). Entspannende Atmung erfolgt aber mehr über den Bauch.

◆ **Übung**

Legen Sie sich entspannt hin (später geht es auch im Sitzen), öffnen Sie den Bund, legen Sie eine Hand oder beide auf den Bauch. Atmen Sie durch die Nase ein, stellen Sie sich dabei vor, den Unterleib mit Luft zu füllen, und spüren Sie, wie der Bauch sich wölbt. Zum Ausatmen ziehen Sie die Bauchdecke bewusst nach innen (nicht verkrampfen!).

Verfolgen Sie den Luftstrom durch Nase, Hals, Lunge, Bauch und wieder zurück. Verbinden Sie das Einatmen im Geist mit dem Wort „ein", das Ausatmen mit „los" oder „ruhig". Üben Sie das so lange, bis Sie tatsächlich eine angenehme Ruhe verspüren. Vielleicht klappt das noch nicht beim ersten Mal – versuchen Sie's immer wieder, es ist sehr wohltuend.

Sie können die Übung auch mit einem angenehmen Bild verknüpfen, etwa mit einem wogenden Blumenfeld, einem Baby, das von der Mutter gewiegt wird, einer schlafenden Katze. Manchen gelingt es im Laufe der Zeit, allein durch das Hervorrufen des „Ruhig-Bildes" Ihre Atmung zu beruhigen und zu vertiefen. ◆

■ Geerdetes Stehen

Diese Übung hilft Ihnen, eine erdverbundene, „aufrechte" Haltung zu finden. Frauen neigen nämlich dazu, zum Stehen nicht beide Füße zu benutzen, obwohl sie das für einen „guten Stand" brauchen!

◆ **Übung**

Nehmen Sie einen festen Stand ein – dazu ist etwas Abstand zwischen Ihren Füßen nötig. Rücken und Kopf gerade halten, Arme locker hängen lassen. Spüren Sie, wo Ihre Fußsohlen auf dem Boden aufliegen.

Stellen Sie sich vor, Ihre Fersen wachsen in den Boden hinein und nehmen die Füße dabei mit. Sie müssen nichts dazu tun, nur fühlen. Sie sind mit der Erde verwurzelt, und über diese Wurzeln können Sie (Ver-)Spannungen in den Boden ableiten.

Gehen Sie jetzt zum höchsten Punkt Ihres Kopfes, stellen Sie sich vor, dort sei eine Schnur befestigt, die Sie ganz sachte nach oben zieht, in eine vollkommen aufrechte und doch entspannte Haltung. Diese Schnur ist aus Ihrer inneren Kraft erwachsen. Sie fühlen sich aufrecht und frei und doch erdverbunden und stabil. ◆

◆ Übung: Ich bin stark!

Stehen oder sitzen Sie aufrecht (Rücken und Kopf gerade!), Schultern zurücknehmen. Augen schließen. Atmen Sie tief durch die Nase ein, spüren Sie, wie sich der Bauch wölbt. Stellen Sie sich vor, Energie einzuatmen, und lassen Sie sie in den Bauch fließen – in den Bereich unterhalb des Bauchnabels (das ist Ihr „Schwerpunkt", den Sie besonders im Stehen erfühlen können – die Konzentration darauf verleiht Stabilität!). Stellen Sie sich vor, dass die Kraft dort bleibt, auch wenn Sie ausatmen, ja, dass sie mit jedem Atemzug zunimmt. Erspüren Sie, wie Sie stärker werden, wie sie Sie schließlich ganz ausfüllt.

Variante: Beim Einatmen sagen Sie sich „Gelassenheit und Kraft", beim Ausatmen „Angst raus" oder „Sorgen raus". ◆

■ Körperbewusstsein entwickeln

Lernen Sie, Ihren Körper und seine Reaktionen genauer wahrzunehmen. Mit einem gut entwickelten Körperbewusstsein ist es nämlich wesentlich einfacher, sich gezielt zu entspannen.

◆ Übung: Körperbewusstsein

Beobachten Sie mal einen oder zwei Tage lang Ihre Haltung und Ihre Körperreaktionen. Viele Menschen tendieren beispielsweise in Situationen, die für sie irgendwie unangenehm sind, dazu, die Schultern hochzuziehen und den Nackenbereich zu verkrampfen. Das blockiert den Blutzufluss zum Gehirn, mindert das Denkvermögen und führt oft zu „Spannungskopfschmerz". Andere geben ihrer Unsicherheit Ausdruck, indem sie die Schultern nach vorne sacken lassen, oder sie nehmen generell eine eingesunkene Haltung ein.

Folge: behinderte Atmung (die Lunge wird zusammengedrückt) und Rückenprobleme. Psychische Verkrampfung bewirkt die verschiedensten Haltungsfehler!

Achten Sie besonders in Unsicherheits-Situationen bewusst auf die Muskeln, die sich dabei unwillkürlich anspannen, und lockern Sie sie sofort – vielleicht mit der erwähnten Tiefmuskel-Entspannung oder indem Sie sich vorstellen, in die betreffenden Stellen hineinzuatmen. Sagen Sie sich dazu im Geiste: „ruhig und entspannt" oder „locker lassen!" ◆

Selbstbewusstsein nach außen

Die Macht der nonverbalen Signale

Selbstbewusste Körpersprache

Experten schätzen, dass menschliche Kommunikation nur zu etwa 40 Prozent über Sprache abläuft, der Rest über den Körper. Aber der sagt leider oft etwas anderes, als Sie beabsichtigen, oder er enthüllt mehr, als Ihnen lieb ist. Darum trägt es sehr zu Ihrem Erfolg bei, wenn Sie Ihre körperliche Wirkung einschätzen und Signale gezielt einsetzen lernen.

■ Haltung

Genauso, wie sich Ihre Stimmung körpersprachlich ausdrückt, hat auch Ihre Körpersprache Einfluss auf Ihr seelisches Befinden. Das Wort „Haltung" steht ja sowohl für die Körperhaltung als auch für die innere Einstellung (ebenso wie „aufrecht"). Wer „erhobenen Hauptes" durchs Leben geht, den kann nichts so schnell umhauen. „Brust raus, Bauch rein" ist auch heute noch aktuell. Warum hat diese Anweisung wohl beim Militär von jeher so viel Bedeutung? Weil ein Soldat, der dem Feind mit eingesackter Haltung entgegenträte, kaum Respekt erwecken würde. Sie vermittelt nämlich Unterwürfigkeit.

Ist die Haltung vornübergebeugt, drückt das den Oberkörper zusammen. Folge: Das Atmen fällt schwerer, man fühlt sich „bedrückt". Der Sauerstoffmangel verringert die Gehirn- und die Körperleistungen – irgendwas „hemmt" einen. Und wer dabei auch noch auf den Boden sieht, hat obendrein keinen „Weitblick" mehr.

Wie sieht also die selbstsichere Haltung aus? Kopf, Hals und Rücken sind aufrecht, die Schultern hängen entspannt herunter (hochgezogene Schultern wirken ängstlich) und sind eher etwas nach hinten gezogen. Ihr Gang sollte aufrecht, zielsicher, mit schwungvollen längeren Schritten sein, die Fußsohle rollt in voller Länge ab, die Arme schwingen locker mit. Das signalisiert Mut und Risikobereitschaft und wirkt auch gut auf Sie selbst zurück. Wer hingegen trippelt, schleicht, hastig oder stockend geht, sieht unsicher und zaghaft aus.

Dauerndes Wechseln von einem Standbein aufs andere verrät den Fluchtwunsch, das enge Zusammenhalten der Beine (im Sitzen, Stehen, Gehen) Gehemmtsein und Angst vor dem Ausgeliefertsein. Stehen Sie fest auf beiden Füßen, wenn Sie Stärke ausstrahlen wollen, entlasten Sie einen Fuß, wenn Sie jemandem Dominanz einräumen möchten.

Im Sitzen die ganze Stuhlfläche ausnutzen, aufrecht sitzen, sich der Stuhllehne anvertrauen – das strahlt Ruhe und Konzentration aus. Rutschen Sie nicht hin und her, sitzen Sie nicht auf Ihren Händen (befürchten Sie, es könnte einer draufhauen?), schlingen Sie nicht die Füße um die Stuhlbeine (es zieht Ihnen schon keiner den Sitz weg!).

Um Aufmerksamkeit und Teilnahme zu signalisieren, neigen Sie während eines Gesprächs Ihren Oberkörper nach vorn, dem Sprecher oder der Tischmitte zu.

Falls Sie ein eher verschlossener Typ sind, sollten Sie generell darauf achten, sich anderen zuzuneigen, statt sich mittels Haltung und Gesten abzuwenden und abzuriegeln. Verschränkte Arme beispielsweise müssen zwar nicht bedeuten, dass Sie abblocken, werden aber gern so interpretiert. Menschen, die sich körperlich „öffnen", wirken sympathischer, weil sie dadurch zeigen, dass sie nichts zu verstecken haben.

■ Gestik

Bei vielen Menschen ist die Gestik überschießend, das heißt sie nesteln nervös an ihrer Kleidung, ihren Haaren, fuchteln und zappeln viel, rudern beim Gestikulieren mit den Armen. All dies verrät Unsicherheit und wertet das Auftreten und das Gesagte ab. Bei anderen ist sie eher zu schwach, so dass man sich jemand gegenüber glaubt, der lasch oder steif ist. Solche Menschen geben einem beispielsweise beim Händeschütteln einen „toten Fisch" in die Hand, was gleich einen schlechten Eindruck hinterlässt. Sie beißen sich auf die Lippen („Ich sage lieber nicht, was ich denke"), legen beim Sprechen Finger oder Hand über den Mund.

Sehr viele Unsichere wissen nicht, wohin mit den Händen. Sie fummeln an Gegenständen oder am Tischtuch herum, klammern sich an etwas fest (Tasche, Armlehne, Stuhlkante …), vergraben die Hände in den Taschen. Besser: sie im Stehen locker hängen lassen, im Sitzen auf Armlehne, Oberschenkel oder Tisch legen. In beiden Positionen gut: Hände locker verschränken (nicht die Arme!), das verleiht eine gewisse Würde und Autorität. Wollen Sie jemandem Vertrauen und Aufrichtigkeit demonstrieren, dann zeigen Sie Ihre geöffneten Handflächen. Und gewöhnen Sie sich einen festen Händedruck an. Reichen Sie Ihre Hand mit dem Daumen nach oben, winkeln Sie den Arm etwas an – ein steif von sich gestreckter Arm hält den anderen zu sehr auf Distanz.

■ Mimik

Nach einer aktuellen Untersuchung der Universität Halle wurden Menschen, die einen freundlichen, selbstsicheren Gesichtsausdruck und ein breites offenes Lächeln zeigten, als *extravertiert* (= gesellig, aktiv, nach außen gekehrt) und sympathisch eingestuft. Sehen Sie sich mal um, wie viele Leute ein finsteres Gesicht machen! Achten Sie auch bei sich selbst darauf (bei der Arbeit, unterwegs, beim Einkaufen), am besten mit Hilfe eines Taschenspiegels. Verkniffener Mund, verengte Augen, Stirn in Falten? Mehrere Studien kamen zu dem verblüffenden Ergebnis, dass selbst unsere Mimik über feine Nervenbahnen eine Rückmeldung ans Gehirn gibt, was wiederum auf unsere Stimmung wirkt. Natürlich kommt noch hinzu, dass wir unbewusst die negative Reaktion der Umwelt auf unsere Leidensmiene registrieren. Darum: Entspannen Sie Ihre Gesichtszüge, so oft es geht, und gucken Sie heiter.

Tipp: Wenn ich bei mir ein „echtes" Lächeln hervorrufen will, denke ich an etwas Lustiges oder Nettes, etwa an die drolligen Aktionen meiner kleinen Nichte.

■ Blickkontakt

Wegsehen oder die Augen gesenkt halten wird instinktiv als Zeichen von Unterwerfung interpretiert. Und: Man wirkt wenig glaubwürdig und überzeugend.

Selbstsicheres Auftreten und selbstbewusste Ausstrahlung sind ohne intensiven Blickkontakt undenkbar. Im persönlichen Umgang fördert der Blickkontakt die Verbundenheit. Sehen Sie Ihrem Gegenüber in die Augen, solange Sie seine Hand schütteln. Und blicken Sie einen Gesprächspartner immer wieder an. Wenn Sie in der Gruppe sprechen, sollten Sie Ihre Blicke herumwandern lassen und die der anderen erwidern. Auf diese Wiese sichern Sie sich deren Wohlwollen und Aufmerksamkeit.

◆ Blick-Übung 1

Sehen Sie fremden Menschen in die Augen: Leuten auf der Straße, in der U-Bahn, im Fahrstuhl; der Verkäuferin im Miederwarengeschäft; Männern im Auto neben Ihnen an der roten Ampel, Männern in Cafés und Bars. Lassen Sie Blicke sprechen. Trainieren Sie sich darauf, den Blickkontakt nach und nach immer länger zu halten, bis Sie es schaffen, dass Ihr Gegenüber wegsieht. ◆

Anfangs werden Sie sich zwingen müssen, dem Impuls nicht nachzugeben, wie ein braves Mädchen den Blick zu senken. Sie werden zunächst noch ein gewisses Unbehagen spüren, doch das legt sich bald. Und es wird Sie überraschen, dass Sie sich stärker fühlen, je länger Sie Blicke halten können. Manche Leute werden wie hypnotisiert reagieren. Lassen Sie sich Zeit – diese Übung gelingt selten am ersten Tag.

◆ Blick-Übung 2

Nun sollten Sie ein paar Tage lang allen Menschen, mit denen Sie reden, offen in die Augen sehen. Falls Ihnen das noch schwer fällt, blicken Sie zunächst einmal zwischen die Augen oder die Nase, Stirn, Mund. ◆

■ Raumverhalten

Männer beanspruchen Raum für sich, indem sie breitbeinig und mit nach außen zeigenden Füßen dastehen oder -sitzen, raumgreifend gehen, die Arme in die Taille stemmen, ausladende Gesten machen. Frauen dagegen haben beim Stehen oder Sitzen die Beine meist beieinander, stehen oft nur auf einem Fuß, halten die Arme eng am Körper, machen sich schmal.

◆ Übung: Den Raum erobern

Kopieren Sie ruhig einmal die Männer, erproben Sie, wie es sich anfühlt, sich „breit zu machen". Sagen Sie sich dabei: Ich habe das Recht, hier zu sein. Versuchen Sie, das körpersprachlich auszudrücken. Frauenkleidung engt oft ein. Probieren Sie Sachen aus, die viel Bewegungsfreiheit geben, tragen Sie auch mal was Burschikoses. Das Sprichwort „Kleider machen Leute" stimmt! ◆

Selbstbewusste Menschen haben keine Scheu vor der Mitte eines Raumes oder vor einem auffälligen Platz, während Unsichere sich eher am Rand herumdrücken.

◆ Übung: Ab in die Mitte!

Wenn Sie einen Raum betreten, begeben Sie sich bewusst nicht an schützende Wände und Ecken. Stehen Sie frei, rücken Sie immer noch ein Stückchen mehr in die Mitte. Übertragen Sie diese Übung auch auf Sitzplätze, etwa in Warteräumen oder Lokalen. ◆

◆ Allgemeine Übungen

☐ Bitten Sie Freunde, ehrlich Ihre Körpersprache zu beurteilen. Wenn's auch nicht immer sehr schmeichelhaft ist – es hilft Ihnen.

☐ Beobachten Sie Ihre eigene Körpersprache: je einen Tag lang Haltung, Gestik, Mimik, Blickkontakt und Raumverhalten. Wo hakt's bei Ihnen?

☐ „Komponieren" Sie sich eine bessere Selbstdarstellung, indem Sie andere beobachten. Nein – nicht kopieren, sondern sich davon anregen lassen.

☐ Wenn Sie sich akut in einer verunsichernden Situation befinden – schauen Sie sich um: Wer wirkt gelassen und selbstbewusst? Imitieren Sie seine Körpersprache – Sie werden sich automatisch ein Stückchen besser fühlen!

☐ Üben Sie vorm Spiegel oder noch besser vor der Videokamera (mieten Sie eine übers Wochenende, oder leihen Sie eine von Freunden), als wären Sie ein Schauspieler: Wie bewegt und hält sich ein selbstbewusster, harmonischer Mensch? Probieren Sie klare, ruhige, raumgreifende, ausdrucksvolle, auch beschreibende Gesten aus, erzählen Sie eine Geschichte, die Sie mit den Händen akzentuieren. Wie sieht ein selbstbewusstes Gesicht aus? Erproben Sie auch verschiedene Lächel-Varianten: mit offenen und mit geschlossenen Lippen, ein breites Beinah-Lachen, ein unmerkliches Lächeln, das sich fast nur an den Augen zeigt. ◆

Ihre neue Körpersprache wird Ihnen anfangs gekünstelt und unecht vorkommen. Doch je länger Sie sie praktizieren, desto mehr wird sie ein Teil von Ihnen werden. Möglicherweise stimmen auch Ihre Art zu reden und Ihre Körpersprache noch nicht überein, sodass Ihr Auftreten noch nicht den gewünschten Effekt hat. Dann sollten Sie Geduld haben und einfach weiterüben, bis Ihr Selbstbewusstsein insgesamt größer geworden ist.

Selbstbewusst reden

Im vorigen Kapitel erwähnte ich bereits: Man teilt sich zu 60 Prozent über Körpersprache mit (also falls Sie's übersprungen haben: Blättern Sie zurück! Wichtigste Aspekte im Hinblick aufs Reden: aufrechte Haltung und Blickkontakt). Und den Rest über Worte? Nein – die wirken nur zu zehn Prozent auf andere. Dreimal wichtiger sind die anderen Aspekte der Sprache, nämlich *wie* Sie etwas sagen: mittels Stimme, Redeverhalten, Ausdrucksweise.

■ Weibliches Redeverhalten

„Das Gesprächsverhalten von Männern unterscheidet sich deutlich von dem der Frauen", schreiben die Psychologen und Sprechtrainer *Christiane Tillner* und *Norbert Franck* in ihrem Buch „Selbstsicher reden".
„Männer verfügen über ein breites Spektrum von Strategien, mit denen sie bewusst oder unbewusst versuchen, Gespräche zu beherrschen: Sie reden lauter als Frauen. Sie sprechen bestimmter, auch wenn sie nicht sicher sind. Männer unterbrechen Frauen häufiger als umgekehrt. Und: Sie unterbrechen häufiger Frauen als Männer." Und zwar mit abwertenden Bemerkungen, mit Zwischenrufen und Kommentaren, die sich auf Aussehen, Kleidung und vieles mehr beziehen. Reden Frauen leise und zurückhaltend, werden sie nicht beachtet oder nicht ernst genommen. Natürlich ist das nicht die Regel, aber viele Untersuchungen haben gezeigt, dass Männer in Gesprächen und Diskussionen mit Frauen allzu gern so agieren. Und allzu viele von uns lassen sich das auch noch gefallen und reagieren, indem sie gar nichts mehr sagen oder beim Reden unsicher werden (was wiederum das männliche Verhalten bestärkt!).
Hier einige typische Unsicherheits-Anzeichen, die Sie vermeiden sollten:
☐ Einleitungen wie: „Ich glaube/schätze/würde sagen …", „Könnte es nicht sein, dass …" usw.
☐ Floskelhafte Anhängsel wie: „nicht (wahr)?", „oder?", „oder so …", „meinen Sie nicht auch?", „ … glaube ich jedenfalls".
☐ Die Sprecherin vermeidet „ich"-Formen, versteckt sich stattdessen hinter „wir", „man" und anderen Umschreibungen (wie zum Beispiel die Frage: „Hältst du das für richtig?" statt „Ich halte das für falsch.")

67

☐ Sie wertet ihre Aussagen und sich selbst ab: „Ich meine ja bloß …“, „Ich weiß nicht, ob das jetzt passt …“, „Ich bin ja nur Hausfrau/ eine unwichtige Person/ Angestellte/ …“, „Ich bin mir nicht sicher, aber …“, „Wenn ich auch mal was sagen darf“, „Falls das jemanden interessiert“.

☐ Die Schweizer Sprachwissenschaftlerin *Edith Slembek* stellte fest, dass Frauen zweimal so oft den Konditional („würde“, „hätte“, „wäre“ usw.) und fünfmal mehr einschränkende Ausdrücke wie „vielleicht“, „ein wenig“ etc. als Männer gebrauchen, dass sie dreimal so viele Fragen stellen, sich viel schneller und häufiger entschuldigen und weitaus häufiger ihre Sätze nicht beenden.

☐ Nervig für den Zuhörer: verlegenes Lachen am Ende jedes zweiten Satzes; das ständige Benutzen von Füllwörtern wie „irgendwie, -wo, -was“, „praktisch“, „äh“ usw. Genauso schlecht: halblautes, vernuscheltes, monotones Sprechen – damit signalisieren Sie: Ich bin mir nicht sicher, ob ich das jetzt wirklich sagen soll (Fehler vieler Zaghaften: Sie öffnen den Mund nicht genug beim Sprechen!). Und ständiges Räuspern soll signalisieren: Achtung, jetzt rede ich – hör mir gefälligst zu!

Rede-Tipps

☐ **Unterbrechungen selbstbewusst begegnen:** „Lassen Sie mich bitte ausreden“ oder „Ich möchte das noch zu Ende führen – dann höre ich gerne, was Sie zu sagen haben“.

☐ **Ablenkungsmanöver parieren:** „Bitte bleiben Sie beim Thema“ oder „Beantworten Sie bitte meine Frage“ oder „Weich nicht aus“.

☐ **Provokationen Paroli bieten:** „Das gehört jetzt nicht zur Sache“ oder „Hör auf, mich zu provozieren, du erreichst sowieso nichts damit“.

☐ **Sprechpausen machen:** Lassen Sie sich Zeit beim Reden, kleine Sprechpausen sind nicht schlimm – sie vermitteln sogar oft den Eindruck, Sie wählten Ihre Worte mit Bedacht.

◆ Übung

Nehmen Sie ein Gespräch, an dem Sie beteiligt sind, auf Kassette auf – mit einem kleinen Gerät wie Walkman oder Diktiergerät, sodass die anderen es nicht bemerken, oder während eines Telefonats. Später hören Sie sich dann die Aufzeichnung an: Erkennen Sie ein paar der beschriebenen Unsicherheiten wieder? Jedem Anzeichen setzen Sie eine selbstsichere Variante entgegen.

Trainieren Sie das selbstbewusste Sprechen zuerst allein für sich, dann versuchen Sie, es immer öfter in der Praxis anzuwenden. ◆

■ Stimme und Sprechtechnik

Untersuchungen belegen: Klang, Lautstärke, Tonfall und -höhe sind weniger angeboren als von Bezugspersonen erlernt. Und: Menschen mit tieferem Organ schätzt man als sympathischer und erfahrener ein als solche mit hoher Stimme. Ist die Stimme kräftig, aber nicht zu laut, wird ihr Besitzer als vital und extravertiert eingestuft. Hohe Stimmen werden oft als hysterisch und unsachlich empfunden; zarte Stimmchen werden überhört, oder die Botschaft wird nicht ernst genommen. Eine harmonische Modulation hingegen wirkt auch wohltuend auf einen selbst.

◆ Übung: Ideale Stimmlage

Ihre ideale Stimmlage können Sie feststellen, indem Sie mehrmals laut „äh-äh" oder „hm-hm" sagen (als wollten Sie etwas verneinen). Das erste „äh"/„hm" ist Ihre normale Tonhöhe, das zweite ist der Ton, den man anstreben sollte – er kommt in der Regel vom Brustbein her (vordere Mitte des Brustkorbs). Um herauszufinden, ob er von da kommt, wenn Sie normal sprechen, legen Sie Zeige- und Mittelfinger der linken Hand auf die Nase, die rechte Hand aufs Brustbein. Jetzt lesen Sie laut und prüfen, was stärker vibriert. Ist es die Nase, sprechen Sie möglicherweise zu nasal. Tut sich in der Brust gar nichts, sagen Sie so lange „mo-mo-mo-mo" in der oben beschriebenen Stimmlage, bis Sie dort eine Resonanz spüren.
Kleben Sie sich einen Zettel mit „momo" ins Bad oder irgendwo anders hin, um sich daran zu erinnern, die Übung immer mal wieder zu machen. ◆

Es ist günstig, sozusagen vom Zwerchfell (der große Muskel unterhalb des Brustkorbs) her zu sprechen – der Bauch ist nämlich Resonanzraum der Stimme und lässt sie voller, tiefer, angenehmer klingen. Da das Sprechen vor allem mittels Muskelbewegungen geschieht, ist es wichtig, Hals-, Kiefer- und Atemmuskeln zu entspannen, um der Stimmluft freien Durchgang zu gewähren (sind sie angespannt, kann die Stimme dünn, rau oder gepresst klingen).

◆ Lockerungs-Übungen

☐ Strecken Sie sich, gähnen Sie, seufzen Sie herzhaft.

☐ Setzen Sie sich auf einen Stuhl vor den Spiegel, und zwar so, dass Sie Ihren Bauch von der Seite sehen können (eventuell entblößen!). Die Arme sind entspannt. Wenn Sie einatmen, sollte sich Ihr Bauch nach außen dehnen, wenn Sie ausatmen, nach innen ziehen. Sagen Sie irgendetwas und versuchen Sie, dabei die Bauchbewegung beizubehalten.

☐ Vor dem Sprechen: Machen Sie schnelle „äh-äh-äh"-Geräusche, lassen Sie damit die Luft aus der Lunge – das lockert das Zwerchfell. Oberkörper-Lockerung: Schultern anspannen, Fäuste ballen, Spannung ein paar Sekunden halten, dann entspannen und die Schultern senken. ◆

Um andere unschöne Stimm-Eigenheiten auszurotten, machen Sie spezielle Stimm-Übungen:

◆ Stimm-Übungen

☐ Lesen Sie laut vor dem Spiegel. Achten Sie dabei auf einen geraden Rücken und entspannte Schultern, ebenso auf Ihr Gesicht: Ist es angespannt, wirkt sich das auch auf die Stimme aus. Versuchen Sie, zu lächeln oder die Brauen zu bewegen, während Sie sprechen, besonders wenn Ihre Stimme flach oder monoton klingt (eventuell anhand einer Tonbandaufnahme überprüfen!). Mimik bringt „Farbe" in Ihre Worte.

☐ Sagen Sie einen Reim oder einen Spruch auf, und zwar ohne die Konsonanten (zum Beispiel: „Wer zu spät kommt, den bestraft das Leben" = äah-uh-ä-o, eh-e-a-a-eh-ä). Das zwingt Sie, die Vokale deutlicher zu formen.

☐ Wenn die Stimme rau klingt: Nicht räuspern – trinken Sie ein Glas Wasser.

☐ Vermeiden Sie am Telefon, den Hörer zwischen Ohr und Schulter zu klemmen. Dabei verkrampft der gesamte Sprechapparat, die Stimme klingt gequetscht. Besser: Hals aufrecht, aber entspannt, Schultern gesenkt. Sagen Sie ein paarmal „hm-hm" und „mo-mo", bevor Sie den Hörer abnehmen, melden Sie sich mit dieser Resonanz-Stimme. Und stellen Sie sich am anderen Ende einen schönen Mann vor. ◆

◆ **Übung: Stimmungen ausdrücken**

Sprechen Sie die folgenden Sätze auf drei verschiedene Arten: unsicher, selbstbewusst und aggressiv.

1. „Würden Sie bitte die Musik leiser machen?"
2. „Ich warte schon eine ganze Weile auf dich."
3. „Könntest du mir einen Moment zuhören?"
4. „Tut mir Leid, ich habe keine Zeit." ◆

■ Selbstbewusste Ausdrucksweise

Jede Wette, dass Sie das kennen: Manchmal führt Ihr Mund ein Eigenleben. Statt einer selbstsicheren Botschaft oder einer schlagfertigen Antwort kommt nichts oder das Falsche heraus. Erst hinterher fallen Ihnen tausend schöne Sachen ein, die Sie hätten sagen sollen. Und Sie ärgern sich schwarz, weil Sie sich wieder einmal haben überfahren lassen. (Seien wir ehrlich: Natürlich ist da auch das Gehirn – und zwar in diesem Fall ein blockiertes – mit im Spiel ...)

Vielleicht trauen Sie sich nicht, sich mit Worten zu behaupten, weil Sie befürchten, damit auf den Widerstand und die Ablehnung Ihrer Mitmenschen zu stoßen. Also sollten Sie lernen, sich so auszudrücken, dass dieses Risiko möglichst gering ist.

> Nehmen Sie Unterricht, zum Beispiel an Volkshochschulen oder Universitäten. Die Kurse heißen dann etwa: „Frei sprechen", „Selbstsicher reden". Rhetorik-Seminare helfen nur zum Teil, indem sie etwa Ihre Sprechtechnik verbessern.

Und Sie müssen Beschränkungen, die Ihnen in der Kindheit mitgegeben wurden, verlernen („Kinder soll man sehen, aber nicht hören", „Widersprich gefälligst nicht!"). Sie haben das Recht, eigene Wünsche, Gefühle, Ansichten zu haben und diese zu äußern (selbst wenn die passenden Worte fehlen), ohne sich dafür rechtfertigen zu müssen. Sie haben das Recht, Prioritäten zu setzen und nein zu sagen. Das Recht, Ihre Meinung zu ändern. (Natürlich haben Sie auch das Recht, gelegentlich auf eins dieser Rechte zu verzichten. Das Recht haben heißt nicht müssen!)

Wenn Sie diese Rechte für sich bejahen und beanspruchen, sollten Sie sie allerdings auch anderen zugestehen. Dadurch bekommen Sie mehr Verständnis für jemand, der Ihnen widerspricht oder Ihnen etwas abschlägt, und nehmen es nicht mehr so persönlich.

■ Nein sagen lernen

Allzu oft verkneifen wir uns ein Nein, obwohl uns danach zumute ist. Und zwar weil andere ein Ja von uns erwarten – oder wir zumindest glauben, dass sie es erwarten. Und wir wollen ja niemand gegen uns aufbringen … Es ist aber wichtig, dass Sie lernen, Grenzen zu ziehen: mit einem deutlichen Nein zu allem, was Ihnen gegen den Strich geht. Denken Sie daran: Sie tun es *für sich*, nicht *gegen* andere.

Nein sagen fällt besonders schwer, wenn die anderen einem schmeicheln: „Andrea, unsere gute Seele – wenn wir dich nicht hätten …", „Du machst das schon", „Du kannst das doch so gut". Also steht Andrea den anderen stets zur Verfügung – und die machen reichlich Gebrauch davon. Hilfsbereitschaft ist ja was Schönes, aber Andrea findet gar keine Zeit mehr für eigene Belange und ist dauergestresst. Kurzfristig steigert das Lob ihr Selbstwertgefühl, langfristig fühlt sie sich manipuliert und ärgert sich über ihre Unfähigkeit, nein zu sagen. Für unbedeutende Bekannte tippt sie Seminararbeiten, stellt Anträge für Onkel Max und Tante Frieda, beherbergt tagelang ungeladene Übernachtungsgäste … und macht ihrem Groll plötzlich Luft, indem sie patzig, schlecht gelaunt und unfreundlich ist.

Unterdrücken auch Sie Ihr Nein, weil Sie befürchten, Ihre Mitmenschen könnten gekränkt sein? Um Letzteres zu vermeiden, können Sie ihnen klarmachen, dass Sie nur ihre *Bitten* ablehnen, nicht aber die *ganze Person*. Etwa: „Das ist jetzt nicht gegen dich gerichtet, aber wenn ich dir helfe, bringe ich mich selber zu sehr in die Bredouille." Ein anderer Grund, warum ein Nein schwer fällt, ist, dass man nicht als egoistisch dastehen möchte. Mein Tipp: Wenn irgend möglich, bitten Sie um Aufschub („Ich muss noch mal drüber nachdenken", „Ich rufe dich nachher zurück"), und dann überlegen Sie in aller Ruhe. Klar, anderen dauernd zu helfen hat ja auch Vorteile: Sie machen sich unabkömmlich, die anderen „schulden" Ihnen was. Vielleicht denken Sie auch: Wenn ich die Bitten ablehne, werde ich nicht mehr geschätzt. Glauben Sie wirklich, man schätzt Sie, weil Sie sich ausnutzen lassen? Wäre es Ihnen nicht lieber, man würde Sie schätzen, weil Sie zu sich stehen? Na also!

Um das „harte" Wort Nein zu vermeiden, können Sie es auch indirekt sagen – so ist es noch eindeutig genug: „Sei mir nicht böse, aber ich kann nicht", „Momentan geht es leider nicht, aber vielleicht können wir nächste Woche einen Termin machen", „Ich habe keine Zeit – aber wenden Sie sich doch an Herrn X, der kann das ebenso gut wie ich."

Aber bitte verwenden Sie weder Ausreden noch Notlügen – damit tun Sie sich auf Dauer keinen Gefallen, denn mit der Zeit werden sie durchsichtig und man wird Ihnen gegenüber misstrauisch. Oder die Ausflüchte klingen von vornherein so wenig überzeugend, dass man versucht, Sie doch noch zu beschwatzen. Ausreden bringen vielleicht für den Augenblick etwas, aber sie lösen das Problem nicht: Bei der nächstbesten Gelegenheit wird man Sie wieder behelligen.

Vermeiden Sie es, sich für Absagen lang und breit zu entschuldigen und zu rechtfertigen. Manchmal erhalten ein kleines „Tut mir Leid" und eine kurze Angabe von Gründen Ihnen die Sympathie des anderen, aber sie sind nicht immer nötig. Oft reicht auch ein schlichtes „Nein, ich möchte nicht", „Es passt mir jetzt nicht", „Ich habe keine Lust" oder Ähnliches.

◆ **Übung 1**
Überlegen Sie sich ablehnende Sätze – ohne Begründung, Rechtfertigung, Entschuldigung. Sagen Sie sie laut vorm Spiegel. ◆

◆ **Übung 2**
Erinnern Sie sich an Begebenheiten, wo Ihnen ein Nein schwer fiel. Sprechen Sie die entsprechenden Bitten/Forderungen auf Band (ersatzweise aufschreiben und eventuell von jemand anders vorlesen lassen). Antworten Sie nach den oben genannten Regeln. ◆

◆ **Übung 3**
Nehmen Sie sich vor, jeden Tag mindestens einmal nein zu sagen: laut und deutlich und ohne sich dafür zu entschuldigen! Fangen Sie etwa beim Einkaufen an: „Darf's ein bisschen mehr sein?" – „Nein danke!" Sehen Sie den anderen offen und freundlich an, während Sie nein sagen – mit fester, nicht zu leiser Stimme.
Lässt sich jemand nicht so schnell abschütteln und versucht Sie zu überreden, unter Druck zu setzen oder in Ihnen Schuldgefühle zu wecken, dann wiederholen Sie einfach: „Ich möchte (trotzdem) nicht" oder welche Formulierung auch immer Sie benutzen. ◆

■ **Forderungen stellen, Bedürfnisse ausdrücken**
Haben Sie Probleme damit, offen etwas zu fordern? Glauben Sie, das sei eine Zumutung für Ihre Mitmenschen? Aber die haben ja auch einen Kopf zum Denken und einen Mund zum Antworten – wenn es ihnen

gerade nicht passt oder wenn sie keine Lust haben, Ihrer Forderung nachzukommen, können sie nein sagen. Und wenn es denen so geht wie Ihnen – dass sie sich damit schwer tun? Bloß: Nimmt jemand da Rücksicht auf Sie? Na bitte.

Vielleicht fragen Sie auch gar nicht erst, weil Sie eine negative Antwort auf Forderungen oder Bitten als persönliche Zurückweisung empfinden. Doch da begehen Sie einen Denkfehler!

Wenn Sie nämlich nie Bedürfnisse äußern oder Forderungen stellen, geht Ihre Umwelt in der Regel davon aus, dass Sie anspruchslos oder wunschlos glücklich sind. Da nehmen Sie schon so viel Rücksicht, und keiner merkt es! Im Gegenteil: Man bürdet Ihnen immer mehr auf! Kein Wunder, dass Sie Ihre Mitmenschen oft als undankbar empfinden. Und eine ungeheure Wut entwickeln.

■ So kommen Ihre Forderungen gut an

☐ *Seien Sie direkt.* Typisch für Frauen: indirekte Appelle wie „Oh je, schon wieder muss ich einkaufen" (statt „Mir wäre lieb, wenn du diesmal einkaufen würdest") oder ein resigniertes „Du wirst ja wohl wieder das ganze Wochenende am Auto rumbasteln" (statt „Ich fände es schön, wenn wir mehr Zeit miteinander verbrächten").

Der/Die Angesprochene reagiert höchstwahrscheinlich auf zweierlei Art: Entweder er/sie überhört den indirekten Appell – oder ist verstimmt, weil Sie nicht offen sagen, was Sie wollen, und Ihre Forderung wie ein Vorwurf klingt.

Verklausulieren Sie Ihre Ansprüche und Wünsche auch nicht mit „man", „wir" usw.: „Man müsste mal wieder einkaufen gehen", „Wir sollten jetzt was essen", „Ganz schön still hier", sondern: „Könntest du einkaufen gehen?", „Ich habe Hunger/möchte jetzt gern was essen", „Lass uns reden".

☐ *Argumentieren Sie richtig.* Unterscheiden Sie: Liegt der Bitte etwas Sachliches zugrunde oder etwas Gefühlsmäßiges? Dementsprechend sollten Sie argumentieren. Sachliches: Untermauern Sie Ihr Anliegen mit konkreten Fakten. Gefühlsmäßiges: „Es würde mich wahnsinnig freuen, wenn du mich besuchst."

Sachliche Forderungen sollten immer sachlich klingen – nicht fragend oder unverbindlich. Also nicht: „Hättest du eventuell Lust abzuspülen?", sondern: „Du bist an der Reihe." Oder bei Reklamationen: „Bitte ändern Sie das" statt „ … wenn es Ihnen nichts ausmacht".

☐ *Machen Sie's dem anderen leicht.* Sie erhöhen Ihre Chance auf eine positive Reaktion, wenn Sie berücksichtigen, dass Sie etwas von dem anderen wollen. Also statt „Hilf mir mal bei der Steuererklärung" können Sie sagen: „Ich möchte hier alles richtig machen, und du hast da einfach mehr Erfahrung. Könntest du mir dabei helfen?" Außerdem sagt es sich leichter „ja", wenn man sich nicht bedrängt oder genötigt fühlt – vermeiden Sie Erpressungen oder Ultimaten. Ermöglichen Sie Ihrem Gegenüber auch Nein zu sagen.

☐ *Beweisen Sie Flexibilität.* Wenn man Ihrer Bitte nur zum Teil entgegenkommen will: Verhandeln Sie, seien Sie bereit, Abstriche zu machen. Wer gleich zickig oder mürrisch reagiert, bekommt meist gar nichts.

☐ *Achten Sie auf das richtige Timing.* Oft entscheidet der richtige Moment über Ja oder Nein. Hat der andere schlechte Laune, steht er unter Zeitdruck, braucht er gerade seine Ruhe? Dann vertagen Sie's lieber, oder schreiben Sie's ihm auf, damit er darauf antworten kann, wenn's ihm besser passt.

◆ **Übung: Forderungen stellen**
Erstellen Sie eine Liste mit Forderungen und Bedürfnissen, die Sie schon immer mal äußern wollten, und formulieren Sie sie schriftlich nach den oben genannten Kriterien. Sprechen Sie sie einige Male laut vor sich hin. Und setzen Sie sie dann nach und nach in die Tat um. Hier einige Anregungen, womit Sie zuerst üben können: Sie bitten

☐ Bekannte und Fremde, in Ihrer Gegenwart nicht zu rauchen (zum Beispiel beim Essen), leiser zu sein usw.

☐ Ihren Partner, Ihnen bei der Hausarbeit zu helfen,

☐ Bekannte, Ihnen etwas Geld zu leihen,

☐ Freunde, Ihnen etwas Bestimmtes beizubringen, oder um irgendeinen Gefallen. ◆

■ **Kritik und Unmut äußern**
Wenn Sie Kritik und Unmut unbedacht äußern, kann Sie das tatsächlich in Misskredit bringen. Verpacken Sie's lieber in angenehme Botschaften: „Schatz, ich hab uns was Feines gekocht – dein Lieblingsessen –, und danach gucken wir ein schönes Video, ja? Deine ewige Besserwisserei kotzt mich an. Möchtest du einen Wein zum Essen?" Scherz beiseite – so natürlich nicht.

■ So geht's besser

Vermeiden Sie Schuldzuweisungen („*Wegen dir* drehe ich noch durch"), Verallgemeinerungen („*Immer* lässt du *alles* herumliegen", „*Nie* räumst du *deinen* Dreck weg"), Personalisierungen („*Sie* sind ein miserabler Mechaniker", „*Du* bist ganz schön rücksichtslos") – sonst blockt der andere sofort ab oder holt zum Gegenschlag aus. Besser: Sagen Sie, *was genau* Sie stört und *warum*. Schlagen Sie gleich eine Lösung vor. Beispiel: „Das Auto läuft schlechter als vorher. Ich zahle nicht, bevor der Fehler behoben wurde." Kritisieren Sie so, wie Sie selbst kritisiert werden wollen.

In *persönlichen Beziehungen* gehen Sie ein wenig behutsamer vor:

1. Beschreiben Sie, wie Sie das Verhalten des anderen sehen („Ich habe den Eindruck …", „Mir scheint …", „Ich sehe das so: …").

2. Nennen Sie Ihre Gefühle und Ansichten dazu (es gehört schon einiges dazu, Ihre Gefühle einfach zu ignorieren!).

3. Sagen Sie, wie Sie's lieber hätten. Beispiel: „Ich fühle mich nicht wohl in der Wohnung, wenn alles so unordentlich aussieht. Und es kostet mich Zeit und Nerven, auch deine Sachen aufzuräumen. Bitte achte mehr darauf."

4. Vermeiden Sie Du-Anklagen! Statt „Du machst mich unglücklich" besser „Dein Verhalten macht mich unglücklich" oder „Ich bin unglücklich, weil …"

Was Wut und Unmut ausdrücken betrifft: Sie haben ein Recht dazu, auch wenn man Ihnen eingeredet hat, das sei unweiblich oder „hysterisch". (Olle Kamellen! Letzteres ist es nur, wenn Sie sich dabei im Ton vergreifen.) Sie können dafür die gleichen Regeln anwenden wie fürs Kritik äußern.

◆ Übung: Unmut äußern

Sagen Sie, was Ihnen nicht passt! Üben Sie das erst einmal an „harmloseren" Opfern: Menschen, mit denen Sie nicht jeden Tag zu tun haben oder die nicht gleich einen massiven Gegenangriff starten. Legen Sie sich die Sätze zu Hause haarklein zurecht. Steigern Sie sich schrittweise. Beispiel: Erst geigen Sie dem Hausmeister Ihre Meinung, weil das Treppenhaus immer wie ein Schweinestall aussieht. Dann sagen Sie dem Ober: „Nein, das Essen hat nicht geschmeckt. Und zwar …"

Dann reden Sie endlich ein ernstes Wörtchen mit Ihrem Frauen-
arzt, der Sie eine Viertelstunde nackt warten lässt, dann aber in
drei Minuten abfertigt. Auf diese Weise bekommen Sie auch
Übung darin, Ihren Standpunkt fest zu vertreten und sich nicht
davon abbringen zu lassen. ◆

■ Kritik einstecken lernen

Kritik einzustecken ist für viele Menschen ein heikles Thema, weil sie
sich persönlich angegriffen (und abgelehnt) fühlen – und weil auch die
anderen oft die Grundlagen des korrekten Kritisierens nicht beherrschen.

☐ Versuchen Sie, auch Ihre Mitmenschen dazu zu bewegen, Kritik in
konstruktiver Weise zu äußern (wie oben beschrieben) – dann trifft sie
Sie nicht mehr so mächtig. Etwa wenn Ihr Partner verallgemeinert: „Du
bist immer so überempfindlich", können Sie – statt gleich an die Decke
zu gehen oder zu schmollen – fragen: „Siehst du mich immer so? Oder
nur manchmal? – Warum stört es dich so sehr? – Und wie kann ich das
deiner Meinung nach ändern?"

☐ Falls Ihr Gegenüber Sie provozieren will, nehmen Sie ihm den Wind
aus den Segeln, indem Sie einfach nur beipflichten: „Schon möglich",
„Kann sein", „Stimmt genau", „Und weiter?" usw.

☐ Unberechtigte Kritik weisen Sie möglichst sachlich zurück: „Das
sehe ich anders …", „Das ist nicht ganz richtig, weil …"

☐ Kränkende Kritik (zum Beispiel aus Rache oder um sich auf Ihre
Kosten zu profilieren) kontern Sie, indem Sie etwa sagen: „Ihre Kritik
ist verletzend. Wir setzen das Gespräch besser fort, wenn Sie wieder
sachlicher mit mir reden können" oder einfach: „Warum kränkst du
mich?"

☐ Bei undeutlicher, versteckter Kritik („Dauernd beschäftigst du dich
mit den Kindern!") rechtfertigen Sie sich nicht, sondern bestätigen das,
was stimmt („Ja, ich verbringe viel Zeit mit ihnen") und fragen dann
nach: „Was stört dich daran?" Helfen Sie Ihrem Gegenüber, seine Kritik deutlicher zu formulieren, statt beleidigte Leberwurst zu spielen –
sonst eskaliert das Ganze nämlich nur und führt vielleicht dazu, dass Sie
im Streit tatsächlich gekränkt werden.

☐ Wenn jemand Sie zum Sündenbock machen will, können Sie mit
Schlagfertigkeit kontern. Beispiel: Ihr Partner pflaumt Sie im überfüll-
ten Zug an: „Wenn du vorbestellt hättest, hätten wir jetzt einen besse-

ren Platz!" Sie: „Oh ja, Schatz, verzeih, dass ich nicht dich habe die Tickets besorgen lassen" oder „Ja, entschuldige, ich hätte nicht der ganzen Stadt sagen sollen, dass sie diesen Zug nehmen sollen. Und wo ich schon mal dabei bin: Tut mir leid, dass neulich ein Flugzeug abgestürzt ist …, dass in Afrika Kinder hungern müssen …" Andere Strategie: übertrieben Mitleid äußern, zum Beispiel: „Oh je, nur weil ich deinen Anzug nicht aus der Reinigung geholt habe, musst du jetzt den alten anziehen. Ich bin schuld, wenn du dich den ganzen Abend nicht wohl fühlst."

☐ Bevor Sie sich Kritik zu Herzen nehmen, stellen Sie sich zwei Fragen: 1. Von wem kommt sie? Etwa von jemand, der grade schlecht auf Sie zu sprechen ist oder miese Laune hat? Dann die Kritik ignorieren! 2. Was will der andere damit erreichen? Dass Sie sich schlecht fühlen? (Ebenfalls ignorieren! Oder die fast immer passende Antwort geben: „Geht's dir jetzt besser?") Oder ist es als „Verbesserungsvorschlag" für Sie gemeint, wenn's auch nicht so diplomatisch verpackt war? Schlagen Sie nicht gleich zurück, sagen Sie: „Ich werde drüber nachdenken."

Wann immer Sie kritisiert werden, vergessen Sie nicht das amerikanischen Sprichwort: *Einen toten Hund tritt man nicht.* Will heißen: Nur jemand völlig Unwichtiges oder Belangloses wird nicht kritisiert. Kritik ist gleichzeitig eine Art Schmeichelei: Jemand nimmt Sie wichtig.

Weitere Informationen zu den Themen „Kontaktaufnahme" und „Gespräche führen" finden Sie in Kapitel 5 unter „Freunde gewinnen, Freundschaften pflegen" (Seite 96 ff.), Tipps zum Bereich „Gefühle ausdrücken" erhalten Sie in Kapitel 2 unter „Die eigenen Bedürfnisse erforschen" (Seite 49 ff.).

Sicher auftreten

Betrachten Sie Unsicherheit als eine schlechte Gewohnheit: und zwar als eine, die Sie sich austreiben können – durch fleißiges Training. Machen Sie mit – es lohnt sich!

◆ Übung: Ausbrechen
Diese Übung hilft, die Scheu vor Veränderungen zu verlieren und sie stattdessen als Bereicherung Ihres Lebens zu entdecken. Brechen Sie mal ganz bewusst aus Ihrem Alltagstrott aus! Fangen Sie mit kleinen Dingen an: Kaufen Sie exotische Nahrungsmittel oder ein extravagantes Kleidungs- oder Schmuckstück, mieten Sie sich für einen Tag ein verrücktes Auto, gehen Sie zu Veranstaltungen oder an Orte, wo Sie noch nie waren. Fahren Sie einen Tag allein weg. Sie werden Lust darauf bekommen, noch mehr zu erleben. ◆

■ Jetzt geht's ans Eingemachte
Zunächst einmal gilt es festzustellen, wann und wo Sie sich klein, unsicher oder unwohl fühlen – und auch, welche Situationen Sie vermeiden. „Dabei ist es wichtig", betont Frauentherapeutin *Renate Degner*, „sich selbst darauf zu programmieren, innezuhalten und zu spüren: Was ist jetzt eigentlich los? Was sind da für Gefühle? Nicht nur die, die ich fühlen ‚darf' – da ist doch noch irgendwas anderes? Manchmal muss man dazu den ‚Notstopp' ansetzen: Bis fünf zählen, sich abwenden, aus dem Zimmer/auf die Toilette gehen o. Ä." Oder Sie machen die Übung „Gedanken-Stopp" aus dem 2. Kapitel, Seite 28.

◆ Übung: Sicherer auftreten (Schritt 1: Situationsanalyse)
Protokollieren Sie zwei Wochen lang, welche Situationen Sie verunsichern, wann Sie unter Ihrem geringen Selbstbewusstsein leiden. Ja, das ist ein ziemlicher Aufwand, aber es verschafft Ihnen die bestmögliche Arbeitsgrundlage – denn nur was Sie konkretisiert haben, können Sie verändern. Legen Sie sich ein Heft dafür an, die Doppelseite unterteilen Sie in vier Spalten wie auf der Mustertabelle Seite 80.

Situation	Verhalten	Gefühle	Gedanken
12.8.97 Treffen mit Moni im Restaurant; sie kommt zu spät	Muss allein durchs Lokal, roter Kopf, stolpere fast; sitze nervös am Tisch	Fühle mich beobachtet, wie auf dem Servierteller, unwohl, habe das Gefühl, alle gucken mich an; möchte am liebsten im Boden versinken	Alle merken, was ich für ein Trampel bin, denken bestimmt, kein Wunder, dass die allein ist. Moni lässt mich absichtlich warten; überlege mir, ob ich einfach aufstehen und gehen soll

Sie können die Liste noch um zwei weitere Spalten ergänzen: „Was ich gern getan hätte" („Einfach aufgestanden und das Lokal verlassen") und „Warum ich's nicht getan habe" („Wollte es mir mit Moni nicht verscherzen").
Notieren Sie Ihre Reaktionen möglichst bald nach dem Ereignis; obiges Beispiel wurde sogar währenddessen aufgezeichnet. Sie können auch ein paar frühere Situationen ergänzen, die in Ihrem Gedächtnis noch frisch sind. In den ersten Tagen stehen vielleicht nur zwei Punkte auf der Liste, aber im Laufe der Zeit schärft sich Ihre Aufmerksamkeit, und es kommt immer mehr hinzu. Natürlich können Sie auch länger als zwei Wochen Begebenheiten sammeln. ◆

Durch das Protokollieren wird zunächst ein verfeinerter Bewusstseinsprozess eingeleitet – man stellt fest, dass man sich nicht immer unsicher und klein fühlt, sondern nur in *bestimmten* Situationen, an *bestimmten* Tagen. (Man kann zum Vergleich auch „starke" Momente notieren oder sie zumindest im Hinterkopf behalten.) Ferner werden durch das Aufschreiben Ihre Ängste und die dahinter stehenden Einstellungen bewusster. Solange Ängste noch diffus sind, scheinen sie unausrottbar. Die Analyse macht sie durchschaubar, nimmt ihnen schon viel von ihrer Bedrohlichkeit.
Versuchen Sie, den notierten Einstellungen und Ängsten noch stärker auf den Grund zu gehen. Nehmen Sie dazu auch Kapitel 1 „Mäuschen oder Star, Opfer oder Gewinnerin?" (Seite 9 ff.) und Kapitel 2 „Die eigene Persönlichkeit entfalten – Selbstbewusstsein von innen heraus" (Seite 23 ff.) zu Hilfe. Manchmal reicht das schon aus, um sie zu überwinden und sich in bestimmten Situationen wohler zu fühlen. Im Regelfall aber müssen Sie systematischer vorgehen, und zwar wie folgt:

◆ **Schritt 2: Hierarchie aufstellen**

Sie suchen nun die für Sie wichtigsten Punkte (mindestens zehn) heraus, Situationen, in denen Sie sich anders fühlen und verhalten möchten. Wenn Sie mögen, können Sie auch Ziele notieren (vielleicht solche, die Sie im Kapitel „Die eigenen Bedürfnisse erforschen" erarbeitet haben?) und entscheiden: Was genau will ich erreichen? Dann ordnen Sie sie nach ihrem Schwierigkeitsgrad. Das Leichteste zuerst (zum Beispiel „nein sagen lernen"), das Schwerste zuletzt (zum Beispiel „Chef um Versetzung bitten"). ◆

◆ **Schritt 3: Brainstorming**

Sie überlegen sich nun so viele Strategien wie möglich, mit denen Sie selbstbewusst auf die entsprechenden Situationen reagieren können. Beispiel: Eine Kollegin bemerkte: „Du stopfst ganz schön was in dich rein." Sie erwiderten nichts und ärgerten sich später, dass Sie nichts zu sagen wussten. Selbstbewusste Antworten wären gewesen: „Ich meine, das geht nur *mich* was an", „Was dagegen?" oder „Findest du mich zu dick?", und zwar jeweils mit einem gelassenen Lächeln.

Es geht also um Folgendes: Was wäre angebracht, was wäre das optimale Verhalten? Was würden Sie anders machen, wenn Sie richtig selbstsicher wären? Was würden Sie Ihrer besten Freundin oder Ihrem Kind raten? Oder was rät Ihre Freundin Ihnen? (Um etwas Abstand zu gewinnen und auf kreative Lösungen zu kommen, können Sie auch die gleich folgende „Kino-Übung" benutzen.) ◆

> **Wer selbstbewusst auftritt, macht sich nicht unbeliebt, im Gegenteil. Bei einer Umfrage des Allensbacher Instituts zum Thema „Welche Eigenschaften kommen bei Ihnen gut an?" stand „Selbstsicherheit" an erster Stelle.**

◆ **Schritt 4: Strategie in der Praxis umsetzen**

Sie arbeiten einen Punkt der Hierarchie nach dem anderen ab, bis er erledigt ist bzw. Sie die Sache im Griff haben. Das heißt, Sie müssen sich den Situationen bewusst noch einmal aussetzen und versuchen, sie mit Hilfe der vorhin erdachten Lösungen zu meistern. Das bleibt Ihnen leider nicht erspart: Nur der Weg durch die Angst hindurch führt zu ihrer Überwindung. In der Regel werden Sie hin-

terher sagen: War ja gar nicht so schlimm! Auch Ihre Mitmenschen reagieren selten so „vernichtend", wie Sie sich das vorher ausgemalt haben. Vermutlich sind sie beim ersten Mal lediglich etwas befremdet, weil sie ein solch selbstbewusstes Verhalten von Ihnen nicht gewohnt sind. Und seien Sie versichert: Je öfter Sie sich getraut haben, desto forscher und souveräner werden Sie. ◆

Im nächsten Kapitel finden Sie übrigens viele zusätzliche Anregungen, wie Sie sich schrittweise an ein selbstsicheres Verhalten herantasten können! Doch hier erst einmal ein paar Tipps, wie Sie:

■ Einstiegsängste überlisten

Bricht Ihnen allein schon bei der Vorstellung, sich einer Situation erneut stellen zu müssen, der Angstschweiß aus, können Sie diese auf später verschieben. Nehmen Sie stattdessen zunächst eine leichtere in Angriff. Oder Sie gehen die Situation/Aufgabe erst einmal im Geiste durch – und lassen sie so lange vor Ihrem inneren Auge passieren, bis Sie sich wohler dabei fühlen. Dabei helfen folgende Übungen:

◆ Kino-Übung

Setzen Sie sich so hin, als säßen Sie in Ihrem Lieblingskino. Geben Sie Ihrem geistigen Film einen Titel, der auch ein Happyend zulässt, wie „Aufbruch". Gucken Sie in Schwarzweiß – das ermöglicht Ihnen mehr Abstand. Falls Sie sehr mit Ihren Gefühlen drinhängen, setzen Sie sich ganz weit nach hinten, so dass die Leinwand weiter weg ist. Sie sind also Schauspielerin und Zuschauerin zugleich. Spulen Sie vor Ihrem inneren Auge den Vorspann mit dem Titel und den Akteuren ab (also Ihren und die Namen aller anderen Beteiligten). Danach folgt die Unsicherheits-Szene, die Sie erlebt haben oder die Sie befürchten. Spulen Sie nun den Film zurück und formen Sie diese Szene so um, dass Sie mit ihr bzw. Ihrem eigenen Verhalten zufrieden sind. Achten Sie dabei nicht nur auf Ihr Verhalten und Ihre Aussagen, sondern auch auf Körpersprache, Stimme und Tonfall. (Sie können Ihrem selbstsicheren Alter Ego auch einen Namen geben, zum Beispiel den einer Schauspielerin, die immer beherzte Frauenfiguren verkörpert, wie Katja Riemann – und in der „akuten" realen Situation lassen Sie dann die Katja in sich raus!) ◆

◆ Übung: Rollenspiele

Spielen Sie die Szene mit jemand Vertrautem durch, etwa mit Ihrer Freundin – notfalls geht's auch allein, indem Sie sich abwechselnd auf zwei Stühle setzen oder sich mit Tonband und großem Spiegel bzw. einer Video-Kamera behelfen. Freundin wie auch Video-Film haben den Vorteil, dass sie zeigen, wenn Körpersprache, Ausdrucksweise und Stimme noch nicht gut rüberkommen. ◆

◆ Übung Salami-Taktik

Sie können eine Furcht einflößende Aufgabe auch in kleinere Zwischenschritte unterteilen. Beispiel: Endziel: allein in die Disco gehen. Vorstufen: zuerst allein in den Steh-Imbiss, dann ins Café, dann ins Restaurant. Sobald Sie merken, dass man das unbeschadet überstehen kann, fällt auch der nächtliche Alleingang leichter. ◆

◆ Übung: Reg-dich-nicht-auf-Technik

Sie stammt von Bestseller-Autor *Dale Carnegie* („Sorge dich nicht, lebe"): 1. Lage möglichst reell einschätzen und sich fragen: Was kann schlimmstenfalls passieren? (Sie gehen allein in die Disco und langweilen sich oder lernen niemanden kennen.) 2. Könnten Sie diesen schlimmsten Fall notfalls auf sich nehmen bzw. sich damit abfinden? (Ja, Sie werden's überleben.) 3. Überlegen, wie Sie das Schlimmste abwenden könnten (Sie legen sich ein paar Kennenlern-Strategien zurecht, etwa aus den Unterkapiteln „Freunde gewinnen" oder „Souverän als Single"), und dann handeln Sie. ◆

Dazu *Carnegie:* „Wenn wir uns sorgen, arbeitet unser Geist nur noch sprunghaft, und jede Entschlusskraft geht uns verloren. Zwingen wir uns hingegen, das Schlimmste ins Auge zu fassen und uns damit abzufinden, dann schalten wir all diese unklaren Vorstellungen aus und versetzen uns in eine Lage, die uns gestattet, uns auf unser Problem zu konzentrieren … Psychologisch bedeutet es ein Wiederfreiwerden von inneren Kräften! Haben wir uns erst einmal auf das Schlimmste gefasst gemacht, so haben wir nichts mehr zu verlieren. Und das bedeutet automatisch, dass wir alles zu gewinnen haben!"

◆ Übung: Einstellungsänderung

Wenn Ihnen eine heikle Situation bevorsteht, wenn Sorgen Sie zermürben: Schreiben Sie alles nieder, was Sie bedrückt, formulieren Sie so präzise wie möglich. Ein klar formuliertes Problem ist schon halb gelöst. Dann klopfen Sie Ihre Befürchtungen auf ihren Wahrheitsgehalt ab. Manchmal erscheinen sie allein schon übertrieben oder abstrus, wenn sie auf dem Papier stehen. Und wie hoch ist die Wahrscheinlichkeit, dass das Schlimmste tatsächlich eintritt? Meist sehr gering, vor allem, wenn Sie sich die Mühe machen, den realen Tatbestand festzustellen. Tun Sie so, als hätte eine Freundin Ihr Problem und Sie müssten für sie Informationen sammeln und ihr Klarheit darüber verschaffen. Oft sieht es von dieser Warte schon viel harmloser aus.

Bewundern Sie nicht auch die Menschen, die mit einer wunderbaren Leichtigkeit durchs Leben gehen? Was hindert Sie daran, auch so zu sein? Warum lassen *Sie* sich von einer unsichtbaren Last niederdrücken – und andere nicht, die vielleicht unter denselben Bedingungen leben wie Sie? Fragen Sie sich immer wieder: Was habe ich zu verlieren, wenn ich mich wenigstens einmal anders – selbstbewusster – verhalte? Was spricht dagegen, das Leben wenigstens einen Tag lang als Spiel zu betrachten? Stellen Sie sich vor, Sie hätten nicht mehr lange zu leben – was würden Sie anders machen? ◆

◆ Übung: Das Problem zeitlich begrenzen

Schwierige Aufgaben verlieren an Schrecken, wenn Sie sie zeitlich begrenzen: nur heute, nur dieses eine Mal will ich es versuchen – heute Abend oder morgen früh habe ich's hinter mir. ◆

◆ Tricks gegen akute Beklemmung

Beklemmungen machen in der konkreten Situation allzu oft denk- und handlungsunfähig. Darum: Wenden Sie die „Entspannungsatmung" von Seite 58, den „Gedanken-Stopp" von Seite 28 oder die „Zauberformeln" von Seite 30 an, machen Sie sich Mut mit „Positiven Ankern" (Seite 48). Sie können sich auch einen extra auf die Situation zugeschnittenen „Power-Slogan" ausdenken, der Ihnen hilft, sie durchzustehen, und zwar indem Sie ihn im Geiste immer wieder aufsagen (zum Beispiel „Nein zu dir heißt ja zu mir"). ◆

◆ Übung: Eigenschafts-Transfer

Vielleicht scheuen Sie sich zum Teil vor selbstbewusstem und durchsetzungsfähigem Auftreten, weil Sie Menschen kennen, an denen Sie das stört. Warum? Sind Sie vielleicht ein bisschen neidisch, dass andere mehr bekommen als Sie? Dass es vielleicht sogar auf Ihre Kosten geht? Muss ein solches Auftreten unbedingt arrogant oder egoistisch sein? Welchen Nutzen ziehen diese Leute aus ihrem Verhalten? Können Sie davon lernen? „Kopieren" Sie ruhig – sagen Sie sich: Was der kann, kann/darf ich auch! ◆

Wer sein Verhalten ändert, kommt sich anfangs meist irgendwie „unecht" vor. Aber genauso wie Autofahren müssen Sie auch selbstbewusstes Agieren erlernen. Würden Sie sich einen Führerschein ausstellen lassen, wenn Sie einen Wagen nicht zu lenken verstünden, kämen Sie sich auch wie ein Schwindler vor. Aber durch Lernen und Übung geht Ihnen das Fahren irgendwann in Fleisch und Blut über – und genauso wird es mit dem sicheren Auftreten sein.

Und vergessen Sie nicht: Immer wieder sind Rückfälle möglich. Schließlich gewöhnt man sich jahrelange Verhaltensweisen nicht in ein paar Tagen ab. Bitte verlieren Sie also nicht den Mut!

> **Für jeden erfolgreichen Schritt können Sie sich belohnen – das verstärkt den Lerneffekt. Hier ein paar Möglichkeiten:**
> ☐ **Essen gehen/ins Kino/ins Theater/in den Zoo usw. gehen**
> ☐ **einen Tag Urlaub nehmen**
> ☐ **einen Ausflug machen**
> ☐ **Freunde einladen**
> ☐ **sich einen kleinen Luxus gönnen, etwa eine CD, ein Parfum, Sahnetrüffel …**

Selbstbewusstsein in der Öffentlichkeit

Agieren vor Fremden

Wenn Sie das Verhaltenstraining aus dem vorigen Kapitel ausprobieren wollen, ist es oft günstiger, erst einmal in der Öffentlichkeit (anstatt im privaten Umfeld) anzufangen: Es fällt (meist) leichter, sich vor einer fremden Person zu behaupten, die man nie wieder sieht oder mit der man nicht viel zu tun hat, als gegenüber jemandem, dessen Wohlwollen man auf keinen Fall einbüßen will. Unsicheren Menschen ist es sehr oft unangenehm, auf engerem Raum mit Fremden zusammen zu sein, weil sie sich beobachtet fühlen. Als besonders schrecklich empfinden sie es, wenn jemand sie anstarrt.

◆ Anti-Glotzer-Übung
Vorbereitung: die „Blick-Übungen" von Seite 64/65. Tief ein- und ausatmen. Allen Mut sammeln, diesen Mut in den Blick legen und dem „Glotzer" in die Augen sehen, bis er wegschaut. Im Geiste die Sekunden mitzählen. Dabei mit dem Bauch atmen.
Man kann diese Übung zunächst ausführen, wenn man an einer roten Ampel wartet, weil hier die Zeit begrenzt ist – Sie müssen nur etwa eine Minute aushalten. Falls es beim ersten Mal nicht klappt: Versuchen Sie's wieder. Sind Sie in dieser Situation dann firm, gehen Sie zu anderen über: Starren Sie zurück bei Fahrten mit der U-Bahn, im Bus, im Wartezimmer, im Restaurant. ◆

Bei befangenen Menschen stößt man oft auf ein seltsames Paradox: Sie halten sich zwar nicht für wert, beachtet zu werden, glauben aber gleichzeitig, die Blicke ihrer ganzen Umgebung seien unablässig auf sie gerichtet, um ihr Äußeres und ihr Tun kritisch zu beurteilen. Sie sehen sich sozusagen als Mittelpunkt, auf den sich alle Aufmerksamkeit konzentriert. Deswegen trauen sie sich nicht allein in ein Lokal („Alle fragen sich: warum ist die solo da?"), empfinden das Durchqueren eines öffentlichen Raumes als das reinste Spießrutenlaufen („Wenn ich jetzt stolpere, blamiere ich mich bis aufs Blut!") und verbringen unmäßig viel Zeit mit ihrem Äußeren („Was sollen die Leute denken, wenn ich schon wieder die blaue Bluse anhabe" oder „alle werden den Pickel auf mei-

ner Nase sehen"). Nun, die Wahrscheinlichkeit ist gering, dass Sie sich blamieren oder sonstwie die Verachtung der anderen zuziehen werden. Aber selbst wenn: Na und? Denken Sie den Satz mal zu Ende: „Wenn fremde Leute mich negativ beurteilen, dann …" Was dann? Dann werden Sie wieder zu dem kleinen Mädchen, das sich ungeliebt und ausgeschlossen fühlt? Sehen Sie – es ist alles nur in Ihrem Kopf. Allein Sie entscheiden, ob Sie sich davon runterziehen lassen oder nicht! *Eleanor Roosevelt* sagte einmal: „Niemand kann ohne dein Einverständnis bewirken, dass du dich minderwertig fühlst."

◆ Lokalrunde

Durchqueren Sie nacheinander mehrere Restaurants, als suchten Sie jemand. Sagen Sie sich dabei innerlich: „Ich bin nicht der Nabel der Welt. Ich bin auch kein kleines Kind mehr, das kritisch beobachtet und für jeden Fehlgriff bestraft wird. Diese Leute können mir im Grunde völlig gleichgültig sein. Sie gucken vielleicht, aber sie sind viel stärker mit sich selbst beschäftigt als mit mir." Sobald Ihnen bei dieser Übung nicht mehr unbehaglich ist, setzen Sie sich allein in ein Lokal und essen oder trinken etwas. Ich selbst habe mir so mit 21 Jahren mehr Selbstbewusstsein antrainiert. Zuerst suchte ich mir eher unauffällige Plätze entlang der Wand, aber bald fasste ich mir ein Herz, mich weiter in der Mitte zu platzieren, um dort schließlich ungezwungen meine Einkäufe zu sortieren oder eine große Portion Spaghetti zu vernichten. Früher dachte ich noch: „Sollen sie doch gaffen, ich gönne ihnen den Spaß", heute achte ich gar nicht mehr auf etwaige Blicke. ◆

◆ Weitere „Mutproben"

Einen großen, weiten Platz gemächlich überqueren, allein ausgehen (Kino, Kultur, Nachtleben etc.), in der Disco über die leere Tanzfläche gehen oder sogar als Einzige tanzen, sich bei einer größeren Veranstaltung absichtlich verspäten. Ihnen fällt sicher noch mehr ein. ◆

■ Wie man sich Fremden gegenüber behauptet

Ich kenne Frauen, die nie das Haus verlassen, ohne sich sorgfältig zurechtgemacht zu haben. Sie lassen sich von zickigem Personal einschüchtern, schweigen still, wenn sich jemand an der Kasse vordrängelt, wenn sie von Arzthelferinnen oder Beamten ruppig behandelt werden, wenn man sie lange warten lässt. Diese Frauen sind nicht dumm. Warum also haben sie den Drang, zu wildfremden Menschen lieb und nett zu sein und ja nicht anzuecken?

Erstens: Die sorgfältige Aufmachung soll verhindern, dass man sie von oben herab behandelt. Aber selbstbewusste Körpersprache wäre effektiver und weniger aufwendig. Entscheidend bei *jeglicher* Selbstbehauptung vor Fremden: fester Blick und aufrechte Haltung. Zweitens: Sie befürchten sich bei demjenigen, den sie in die Schranken weisen, unbeliebt zu machen. Und es ist ihnen unangenehm, Aufsehen zu erregen und im Mittelpunkt zu stehen, weil ihnen eingetrichtert wurde: Wer sich aufführt, ist „unten durch". Aber warum sollten Fremde sie mögen? Viel wichtiger ist es, sich selbst zu mögen – indem man seine Selbstachtung wahrt. Drittens: „Lieb und nett" war früher die einzige Art, von Mami und Papi etwas zu kriegen. Freundlichkeit ist auch im Erwachsenenleben gut – aber bitte gepaart mit dem Willen, für seine Rechte einzutreten. Also: Wogegen auch immer Sie sich wehren: Bemühen Sie sich, Haltung zu wahren und höflich zu bleiben. Wer schreit oder ausfallend wird, setzt sich selber ins Unrecht. Solange Sie hingegen den anderen mit Respekt begegnen, können Sie auch darauf pochen, selbst respektvoll behandelt zu werden.

◆ **Übungen**

☐ Weichen Sie auf dem Gehweg Entgegenkommenden nicht aus. Sehen Sie ihnen kurz und entschlossen in die Augen, lächeln Sie nicht, gehen Sie einfach weiter. Sie werden erstaunt feststellen, dass fast jeder Ihnen ausweicht.

☐ Drängt sich jemand vor, sagen Sie etwas wie: „Hallo – wir stehen hier alle an. Tun Sie das bitte auch!"

☐ Unhöflichkeit oder freche Kommentare kontern Sie mit: „Warum so unfreundlich?", „Wie wär's mit etwas mehr Respekt?", „Schlechte Laune?"

☐ Vielleicht fordert Ihre wenig selbstbewusste Art Verkäuferinnen geradezu zu herablassenden Bemerkungen heraus wie: „Dieses Kleid macht Hüftspeck praktisch unsichtbar." Und Sie haben danach noch tagelang Komplexe. Gegenmittel: „Lassen Sie das mal meine Sache sein" oder „Überlassen Sie das doch bitte meinem Urteil." ◆

Ihre Rechte als Verbraucherin

L assen Sie sich immer wieder Einkäufe aufdrängen, die Sie eigentlich gar nicht haben wollen? Weil Sie sich sagen: „Ich habe der Verkäuferin so viele Umstände gemacht – wenn ich jetzt nichts nehme, ist sie sauer." Möglich. Aber besser, die Verkäuferin ist etwas „angepikt", als dass Sie sich hinterher ärgern über hinausgeworfenes Geld.

Vielen Menschen ist es unangenehm, anderen „Umstände" zu bereiten – und noch viel mehr, etwas zu reklamieren. Weil sie in der Öffentlichkeit keinen „Aufstand" machen wollen (dabei imponiert es anderen eher, wenn jemand für sein Recht eintritt!). Oder sie haben die abwegige Angst, sich bei Ober, Verkäuferin oder Handwerker unbeliebt zu machen (Gründe siehe oben). Aber solche „Dienstleister" sind nicht dazu da, Sie zu mögen, sondern guten Service zu bieten. Es ist der Job des Kellners, dafür zu sorgen, dass es Ihnen schmeckt und Sie sich wohl fühlen. Es ist der Job der Verkäuferin, Sie über das Warenangebot zu informieren, der Job des Handwerkers, Ihnen für Ihr Geld sachkundige Arbeit zu liefern.

■ **So behaupten Sie sich als Verbraucherin**

☐ Tragen Sie Ihr Anliegen direkt und bestimmt vor, aber auch freundlich und mit Achtung vor dem anderen. Im Lokal etwa: „Tut mir leid, Sie bemühen zu müssen, aber das Fleisch ist noch nicht durch. Bitte lassen Sie's noch mal braten." Oder „Wären Sie bitte so freundlich …", „Dürfte ich Sie bitten …"

☐ Wenn Sie Ware zurückgeben, Rechnungen beanstanden usw.: Versuchen Sie es, selbst wenn Sie keinen rechtlichen Anspruch darauf haben – Sie können nichts verlieren, nur gewinnen, denn Dienstleister haben ja auch ein Interesse daran, ihre Kundschaft nicht zu vergraulen. Argumentieren Sie kurz und sachlich, mit fester Stimme und festem Blick. Höflich, aber nicht mit einschmeichelndem Lächeln. (Siehe auch das Thema „Kritik äußern" im Kapitel „Selbstbewusst reden".)

☐ Lassen Sie sich möglichst nicht auf eine Diskussion ein. Dienstleistende sind dabei Ihnen gegenüber im Vorteil, weil sie solche Situationen öfter erleben. Manche schalten auf stur, reagieren auf Reklamationen mit Unterstellungen („Was haben Sie denn damit gemacht???", „Da hat sich noch keiner beschwert" – im Klartext: Mit *Ihnen* stimmt was nicht), Ausreden („Rücknahme ist bei uns nicht üblich") und Hinhalten („Das müssen wir erst an den Hersteller zurückschicken"). Für Ihr Geld steht Ihnen aber anstandslose Ware oder bester Service zu. Bestehen Sie auf Ihrem Recht, selbst wenn Sie den Satz „Ich will mein Geld zurück" zwanzigmal wiederholen müssen. Zermürben Sie damit den anderen.

☐ Nutzen Sie Organisationen wie Mieter- und Verbraucherschutz; solange Sie die Form wahren, haben Sie eigentlich nichts zu befürchten. Die folgenden Übungen nützen nicht nur Ihnen als Verbraucherin, sondern fördern ein selbstsicheres Auftreten im Allgemeinen.

◆ Übungen

☐ Holen Sie telefonisch Auskünfte über etwas ein, tun Sie zum Beispiel so, als wollten Sie ein Auto kaufen, und sagen Sie dann: „Danke – ich melde mich."

☐ Fragen Sie in einem Lokal, ob Sie die Toilette benutzen dürfen, ohne dort etwas zu konsumieren. Oder lassen Sie sich Geld wechseln.

☐ Lassen Sie sich in einem Geschäft beraten oder etwas zeigen, bedanken Sie sich schlicht und mit einem „Ich überleg's mir noch". Nehmen Sie kein Geld mit, damit Sie nicht in Versuchung kommen, doch etwas zu kaufen.

☐ Probieren Sie in einer schicken Boutique drei Kleidungsstücke an. Penetranten Verkäuferinnen sagen Sie: „Wenn ich Fragen habe, sage ich Bescheid."

☐ Tauschen Sie etwas neu Gekauftes am nächsten Tag um – ohne Angabe von Gründen. „Ich möchte das gern umtauschen" sollte reichen.

☐ Lassen Sie sich einen Kauf als Geschenk einpacken.

☐ Beordern Sie in einem Lokal den Kellner laut und vernehmlich an den Tisch und bitten Sie um extra Eiswürfel, um Salz, Pfeffer oder Ketschup.

☐ Reklamieren Sie Lebensmittel, bei denen das Verfallsdatum noch nicht abgelaufen ist, die aber verdorben sind (selbst wenn es sich nur um Pfennigbeträge handelt). ◆

Männliche Übergriffe abwehren

Jeder Mensch hat das natürliche Bedürfnis nach einem Sicherheitsabstand – vor allem gegenüber Fremden. Kommt einem jemand zu
nahe, fühlt man sich unbehaglich, wird vielleicht sogar sauer, dass
der andere die Distanz, die die Höflichkeit gebietet, nicht wahrt. Und
als Frau fühlt man sich zusätzlich belästigt oder bedroht, wenn der
„Übertreter" ein Mann ist – denn im Ernstfall ist er einem meist körperlich überlegen. Manche Übergriffe demütigen uns auch, weil uns da
jemand nicht als Mensch respektiert, sondern zum Objekt degradiert.
Trotzdem dulden wir dergleichen immer wieder, statt den Kerl zurecht-
zuweisen: aus Unsicherheit, weil wir einfach nett und rücksichtsvoll
sind, weil wir sonst ja als aggressiv gelten könnten. Wir versuchen, Ent-
schuldigungen für sein Verhalten zu finden („Es ist sein gutes Recht,
denselben Weg zu gehen wie ich", „Bestimmt will er nur freundlich
sein"), statt auf unser eigenes Unbehagen zu reagieren. Sie schulden diesem Fremden nichts! Nehmen Sie Ihre Gefühle ernst und reagieren Sie
sofort – manchmal eskaliert ein psychischer Übergriff nämlich in einen
tätlichen.

■ Den eigenen Raum behaupten

Sunny Graff, eine Psychologin, die seit 25 Jahren Selbstverteidigungs-
kurse für Frauen gibt, schreibt in ihrem Buch „Mit mir nicht!": „Männer nutzen oft Situationen, in denen viele Menschen auf engem Raum
sind, wie beispielsweise in Bussen oder Fahrstühlen, zum Angriff aus.
Sie nehmen sich dabei nicht nur den Raum, der ihnen zusteht, sondern
greifen auf unseren über. Wenn sie sich an uns lehnen oder ihr Bein an
uns reiben, rechnen sie mit der Verunsicherung der Frau und damit, dass
ihre Angriffe ignoriert werden. Die subtileren Arten von Belästigung
können auch eine Testphase für weitere Gewalt sein."
Ich habe mir früher auch alle möglichen Übergriffe gefallen lassen, ohne
mich zu wehren. Zum Beispiel auf einer Zugfahrt saß ich allein im Abteil
am Fenster. Ein älterer Mann kam herein, aber statt auf einen der Plätze
gegenüber oder am Gang pflanzte er sich direkt neben mich. Ich sagte
nichts, weil ich dachte, vielleicht sitzt er nicht gern mit dem Rücken in

Fahrtrichtung und möchte so nah wie möglich am Fenster sein. Ich setzte mich auch nicht auf die andere Seite, weil ich ihn nicht vor den Kopf stoßen wollte – ich habe Respekt vor älteren Menschen. Aber im Laufe der Zeit rückte er immer näher – obwohl ich unmerklich so weit wie möglich in meine Ecke rutschte –, bis sein Bein in voller Länge das meine berührte.

Ich dachte zuerst: Er ist alt, vielleicht merkt er es gar nicht. Haha! Spätestens als seine Hand auf meinem Schenkel lag, wusste ich, dass er noch vollkommen Herr seiner Sinne war. Aber statt ihn anzufauchen oder dem Schaffner Bescheid zu sagen, verließ ich nur fluchtartig das Abteil und kochte innerlich vor Wut.

Dazu *Sunny Graff:* „Du solltest grundsätzlich vermeiden, deinen Raum automatisch aufzugeben oder dich auf einen anderen Platz zu setzen. Es ist das Verhalten des Mannes, das anstößig ist, und er ist es, der damit aufhören sollte. Andererseits musst du selbst abwägen, wie viel Energie du aufwenden willst, um klarzustellen, dass du seine Belästigung nicht dulden wirst. Auf einer achtstündigen Zugfahrt kannst du dir schon überlegen, ob du nach einer Konfrontation nicht lieber doch das Abteil wechselst. Stelle es dann aber … nicht als Rückzug dar." Das heißt, ich hätte ihm meine Meinung sagen und dann gehen sollen.

Heute reagiere ich Gott sei Dank anders. Irgendwann mit Mitte 20 kam der Wendepunkt: Ich zog im Schwimmbad ganz versunken meine Runden, als ein sehr junger Typ unter mir durchtauchte und mich angrapschte. Ich zog ihn blitzschnell an den Haaren an die Oberfläche, versetzte ihm eine kräftige Ohrfeige und schrie: „Was macht deine Hand zwischen meinen Beinen?!" Alle Leute im Becken lachten, und der Junge verzog sich geduckten Hauptes. Meine Aktion war reflexartig geschehen, ich hätte vorher nie gedacht, dass ich so schnell reagieren kann und es außerdem fertig bringe, einen Menschen mitten ins Gesicht zu schlagen. Aber wenn sich irgendwann genug Wut gegen solche Fieslinge angesammelt hat und man fest entschlossen ist, sich so etwas nicht mehr gefallen zu lassen, geht es wie von selbst. Und hinterher ist's ein wahnsinnig gutes Gefühl!

Sunny Graff hätte das gefallen. Sie sagt: „Indem wir Gewalt öffentlich machen, warnen wir andere Frauen und machen den Mann andererseits für sein Verhalten verantwortlich. Wenn wir laut werden, können wir sicher sein, dass andere bemerken, was vor sich geht." Allein das schränkt schon den Spielraum und den Eifer des Belästigers ein.

◆ Übung

Trainieren Sie sich im Rollenspiel konkrete Reaktionen an. Zum Beispiel Ihr Partner oder Ihre Freundin spielt den Belästiger mit Worten und Taten („Na Kleine, willst du f...?", anstarren, auf Busen oder Beine gaffen, hinterherpfeifen, den Weg verstellen, Körperteile anfassen usw.). Haben Sie niemand zum Üben, dann können Sie sich die Übergriffe auch gedanklich vorstellen. Wichtig ist hierbei, dass Sie selbst Ihre Rolle wirklich spielen.

Sagen Sie mit fester Stimme: „Mir wäre es lieber, wenn Sie Abstand halten würden." „Fassen Sie mich nicht an." „Nehmen Sie sich bitte nicht so viel Platz." „Ich hätte lieber meine Ruhe/Lassen Sie mich in Ruhe." „Pfeif mir nicht hinterher wie einem Hund!" Wichtig: Fühlen Sie sich wirklich belästigt, sollten Sie Ihre Äußerung nicht auf sich beziehen – „Ich mag es nicht, wenn Sie mich bedrängen" –, sondern den Mann direkt für sein Handeln verantwortlich machen: „Bedrängen Sie mich nicht."

Diese Sätze müssen natürlich verbunden sein mit einer selbstbewussten Körperhaltung: Stehen Sie mit beiden Füßen fest auf der Erde. Stehen Sie auf, falls Sie sitzen. Achten Sie darauf, dem Mann Ihre Frontalseite zuzuwenden, auf Sicherheitsabstand zu gehen, Augenkontakt zu halten (das signalisiert, dass Sie kein potentielles Opfer sind).

Je nach Lage können Sie auch
☐ die Hand auf seine Brust legen und ihn zurückschieben,
☐ eine abwehrende Handbewegung machen, indem Ihre Handflächen in Brusthöhe nach vorne zeigen (vermittelt Stärke, ohne bedrohlich zu wirken),
☐ sich vorstellen, vor dem Angreifer eine Mauer zu bauen oder aus den Augen Feuer zu sprühen, und das in Ihren Blick hineinlegen. Oder sich ein anderes Bild ausdenken, mit dem Sie sich stark fühlen. ◆

Grundsätzlich: Wehren Sie sich! Die umfangreichste deutsche Studie über weibliche Selbstverteidigung (1993) ergab, dass 84 Prozent der Frauen, die sich wehrten, nichts passierte, während 81 Prozent derer, die keinen Widerstand leisteten, vergewaltigt wurden.

5. KAPITEL

Selbstbewusstsein in Freundeskreis und Familie

Freunde gewinnen, Freundschaften pflegen

Je mehr Freunde Sie haben, desto weniger sind Sie auf Menschen angewiesen, die Sie runterziehen oder Ihr Bemühen um mehr Selbstbewusstsein schlecht machen – die sollten Sie nämlich möglichst meiden. Echte Freunde unterstützen Sie, verleihen Ihnen Halt und Sicherheit. Sie geben Ihrem Leben Farbe und neue Anstöße. Sie sind Balsam fürs Selbstbewusstsein.

■ Kontaktaufnahme

Falls es Ihnen schwer fällt, auf andere zuzugehen, machen Sie bitte folgende Übungen. Falls nicht, überspringen Sie sie.

◆ Übung 1
Grüßen Sie alle Leute, die Sie kennen oder denen Sie öfter begegnen. Es macht nichts, wenn manche nicht zurückgrüßen: Zweck dieser Übung ist es, unbefangener im Umgang mit anderen zu werden. ◆

◆ Übung 2
Wechseln Sie mit jemandem, den Sie flüchtig kennen (wie Zeitungsfrau, Postbote, Metzgerin), ein paar Worte, machen Sie etwas Smalltalk – übers Wetter, ein aktuelles Ereignis usw. ◆

◆ Übung 3
Fragen Sie jemanden nach dem Weg – und haken Sie nochmals nach: „Ich gehe also …" ◆

◆ Übung 4
Machen Sie Übung 2 mit einer/m Fremden, etwa wenn Sie Schlange stehen oder irgendwo warten müssen. Leichter geht's meist, wenn Sie mit einer Frage eröffnen, etwa: „Sagen Sie mir bitte, wie spät es ist?" oder „Was für ein hübsches Kind – wie alt ist es denn?" ◆

Wichtig ist bei allen diesen Übungen eine sympathische Körpersprache. (Lesen Sie dazu nochmals das entsprechende Kapitel.) Achten Sie besonders auf: Lächeln, Augenkontakt (vor allem im Zwiegespräch: zwischendurch den Blick kurz senken oder abschweifen lassen, um ein Starren zu vermeiden, aber die meiste Zeit hinsehen!), sich körperlich „öffnen".

■ Gespräche anknüpfen und in Gang halten

Damit das gelingt, müssen Sie kein Alleinunterhalter oder Redetalent sein! Es genügt, wenn Sie Interesse am anderen besitzen. Und glauben Sie nicht, Sie allein müssten sich anstrengen, um die Unterhaltung aufrecht zu erhalten – der andere muss genauso seinen Anteil dazu beitragen. Trotzdem hier ein paar Tipps:

☐ Stellen Sie sich (zumindest Ihnen unbekannten Personen) namentlich vor; finden Sie den Gesprächseinstieg, indem Sie – sofern bekannt – an Gemeinsamkeiten anknüpfen, oder machen Sie einfach ein Kompliment.

☐ Keine Angst vor Smalltalk! Man wird Sie weder für oberflächlich noch für dumm halten, wenn Sie mit Menschen, die Ihnen nicht allzu vertraut sind, erst einmal über Belangloses (Arbeit, Reisen, Sport, Kino …) plaudern. Überall auf der Welt fungiert Smalltalk als „Eisbrecher". Eine warme Ausstrahlung bekommen Sie, wenn Sie sich vorstellen, Ihr Gegenüber sei ein guter alter Freund.

☐ Bildungslücken sind nicht schlimm. Kein Mensch kann alles wissen. Wer zugibt, hier und da Informationsdefizite zu haben, wirkt eher sympathisch und gibt dem anderen Gelegenheit sich zu profilieren.

☐ Wenn Sie meinen, Sie selbst hätten nicht so viel zu sagen, lassen Sie den anderen reden! Stellen Sie Fragen, die ihn selbst betreffen. Jeder Mensch spricht gern über sich selbst.

☐ Bestätigen Sie das, was Ihr Gegenüber sagt, durch Nicken, ein halblautes „Ja", „Aha" usw.

☐ Um das Gespräch in Gang zu halten, sollten Sie Gegenfragen stellen oder Ihre eigenen Äußerungen mit „Was meinen Sie?" beenden. Zwischendurch kommentieren Sie das Gesagte, etwa mit: „So was hab ich ja noch nie gehört", „Ach ja – das ist mir auch mal passiert! Und wie ging's weiter?"

☐ Nicht zu leise reden. Wenn Ihr Gegenüber dauernd nachfragen muss, bewirkt das auf Dauer Unmut.

☐ Hilfreich: sich aufs Gespräch vorbereiten, indem man sich vorstellt, man sei Moderator – er meidet Fragen, auf die man mit Ja oder Nein antworten kann, formuliert bevorzugt solche, die mit Was, Warum oder Wie anfangen. Passt auch fast immer: „Was halten Sie von …", „Was glauben Sie …", „Wie ist Ihre Meinung zu …". Aber Vorsicht, dass die Unterhaltung nicht in ein Verhör ausartet!

◆ **Übung: Smalltalk**
Legen Sie sich zu Hause zurecht: einen Witz, etwas Interessantes, das Sie gelesen haben, eine lustige oder spannende Geschichte aus Ihrer Vergangenheit. Üben Sie, das alles lebendig und fließend zu erzählen, bis es sitzt. ◆

■ **Gruppengespräche**
In geselliger Runde oder in Diskussionen mitzumischen, das kostet vielen Frauen Überwindung, die davor zurückschrecken, vor mehreren Menschen die Stimme zu erheben. Unbewusst denken sie: „Eine Frau hat im Hintergrund zu bleiben. Ich habe sowieso nichts Interessantes zu sagen." Innerlich sind sie oft so damit beschäftigt, krampfhaft zu überlegen, was sie äußern könnten („Ja kein dummes Zeug plappern!"), dass sie nur die Hälfte vom Gespräch mitbekommen. Und je länger sie überlegen, ob sie den Mund aufmachen sollen, desto schwerer gelingt ihnen der Einstieg in die Unterhaltung. Gegenmaßnahmen:
☐ Mit dem eigenen Beitrag nicht zu lange warten.
☐ Kurz überlegen: Worauf will ich hinaus? Wenn Sie sich darauf konzentrieren, diesen Punkt anzusteuern, ohne lange darum herumzureden, dann kann Ihnen nicht viel passieren.
☐ Sich nicht niederreden oder unterbrechen lassen.
Und hier noch ein Tipp für jegliche Gesprächssituation: Behalten Sie immer im Kopf, dass Sie das Recht haben, angehört und ernst genommen zu werden. Selbst wenn Sie als Kind oder Jugendliche dauernd gehört haben: „Rede nur, wenn du gefragt wirst!" – auch *Ihre* Meinung interessiert. Und Sie können sie vertreten, ohne sie „beweisen" zu müssen.

■ **Freundschaften pflegen**
US-Erfolgsautor *Dale Carnegie* rät: „Es gibt ein äußerst wichtiges Gesetz im Umgang mit Menschen. Wenn wir diesem Gesetz gehorchen, geraten wir kaum je in Schwierigkeiten. Im Gegenteil: Wir verschaffen

uns dadurch unzählige Freunde ... (Es) lautet: *Bestärke den anderen immer in seinem Selbstgefühl.* Denn so tragen wir dem mächtigen menschlichen Bedürfnis, *bedeutend zu sein*, Rechnung." Zollen Sie also Ihren Mitmenschen Anerkennung – aber sie sollte aufrichtig sein und von Herzen kommen. Jeder Mensch hat uns in irgendeinem Bereich etwas voraus, und wenn's erst mal nur die schöne Wohnung, geschmackvolle Kleidung oder berufliche Erfolge sind.

◆ **Übung**
Nehmen Sie sich vor, ein paar Tage lang möglichst vielen Leuten Komplimente zu machen – Fremden, Bekannten, Verwandten ... Danken Sie der Kellnerin für ihre aufmerksame Bedienung, loben Sie die Zuverlässigkeit Ihrer Kollegin usw. ◆

☐ Machen Sie sich die Abwandlung eines alten Merksprüchleins zum Leitmotto: *Was du willst, dass man dir tu, das füge auch den andern zu.* Das bedeutet auch, jeden mit Respekt zu behandeln.
☐ Wollen Sie ein gutes, intensives Gespräch mit einem Ihnen nahe stehenden Menschen führen, sollten Sie Folgendes vermeiden: be- oder abwerten, belehren, schmeicheln, vom Thema ablenken, unterbrechen, bei nächstbester Gelegenheit einhaken und nur noch von sich reden. Menschen reagieren im Gespräch oft unabsichtlich so. Wenn man sich das bewusst macht, fühlt man sich auch nicht mehr so schnell angegriffen oder enttäuscht – dann kann man auch sagen, was einen an der Unterhaltung stört. Etwa: „Es wäre mir lieber, du würdest mir einfach zuhören und mir Rückhalt geben, statt mir von oben herab Ratschläge zu erteilen."
Kommunikationsfördernd: Nachhaken, Verständnis zeigen, Aufmerksamkeit und Unterstützung signalisieren.
☐ Freundschaften muss man aktiv pflegen – es können nicht immer nur die anderen auf Sie zukommen. Rufen Sie an auf einen Telefonplausch, verabreden Sie sich fürs Kino, zum Essen, Einkaufen oder Sport, laden Sie ein zum gemeinsamen Kochen oder zum Video-Abend – was auch immer. Haben Sie jemand Neues kennengelernt, nehmen Sie innerhalb einer Woche Kontakt auf.

■ „Was denken die wohl von mir?"

Viele Menschen sind so sehr damit beschäftigt, gut anzukommen, dass ihnen eine echte Hinwendung zu anderen nicht möglich ist. Oft verstecken sie ihre Unsicherheit hinter einer Maske („Coolness", Statussymbole wie teure Klamotten usw.). Oder sie versuchen so krampfhaft, ihre Verlegenheit zu vertuschen, dass es tatsächlich in „Peinlichkeiten" ausartet wie Schusseligkeit oder Erröten.

Andere vergiften sich das Zusammensein mit Freunden und Bekannten von vornherein mit negativen Gedanken. Angenommen, Sie trauen sich nicht, sich einer Gruppe (auf einer Party, im Kollegenkreis usw.) anzuschließen, weil Sie den anderen nicht „zur Last fallen", sich nicht aufdrängen wollen. Insgeheim befürchten Sie also Ablehnung – und signalisieren unbewusst durch Körpersprache Abwehr. Ergebnis: Man empfängt Sie tatsächlich nicht mit offenen Armen.

Nina, eine Bekannte von mir, betreibt ein beliebtes Spiel: Gedankenlesen. Nina weiß immer ganz genau, was andere von ihr denken. Im Grunde halten sie nicht viel von ihr. Und sie reden schlecht über sie. Wenn sie lachen, dann natürlich über sie. Wenn jemand vergisst sie anzurufen, hatte er wohl keine Lust dazu, weil Nina ihn sowieso langweilt. Wird sie eingeladen, ist sie wohl nur Lückenbüßer. Sie überträgt ihre negative Einstellung und Erwartung auch auf ihr Umfeld, unterstellt anderen, dass sie ihre (vermeintlichen) Schwächen genauso verurteilen wie sie selbst. Folge: Sie wird immer misstrauischer, immer reservierter. Woraufhin sich wiederum die anderen von ihr zurückziehen. Und Nina kann nun sagen: „Ich hab's ja gewusst: keiner kann mich leiden."

Menschen mit geringem Selbstbewusstsein meinen oft, anders zu sein als die anderen. Aber sie sind nicht stolz auf diese Andersartigkeit (obwohl das ein genauso denkbarer Ansatz wäre!). Sie fühlen sich ausgeschlossen, glauben, sie „gehören nicht dazu". Aber vielleicht ist das ja auch ihr Vorwand, um sich zu schützen – vor zu großer Nähe. Denn je näher man jemand an sich herankommen lässt, umso größer ist die Gefahr von Verletzungen und Frustrationen – die ein ohnehin geschwächtes Ego kaum noch verkraften könnte.

◼ Tipps für einen selbstbewussteren Umgang mit anderen

☐ Haben Sie sich irgendwo wiedererkannt? Dann versuchen Sie erst einmal zu ergründen, welche Ängste hinter Ihrem Verhalten, Ihren Gedanken stecken.

☐ Gegen die Unsitte Gedankenlesen: nicht raten, was die anderen denken, sondern offen nachfragen (bitte freundlich, nicht bissig!) – in den allermeisten Fällen wird es völlig harmlos sein.

☐ Machen Sie sich bewusst, dass andere Menschen auch ein Innenleben haben. Missmutige Worte, Gesten, Blicke beziehen sich meist gar nicht auf Sie persönlich, sondern sind Auswüchse der Laus, die dem Betreffenden über die Leber gelaufen ist.

☐ Gegen „Unerwünschtsein": Gehen Sie offen und mit positiver Einstellung (und Körpersprache!) auf Ihre Mitmenschen zu, achten Sie aufmerksam auf deren Signale, dann werden Sie schon merken, ob Sie tatsächlich nicht erwünscht sind.

☐ Anerkennung verschaffen Sie sich nicht durch Mitläufertum! Ein „interessanter" Mensch traut sich, „anders" zu sein.

☐ Und wenn Sie nicht bei allen ankommen – na und?! Sie können nicht jedermanns „Typ" sein. Genauso wie Ihnen nämlich manche Leute sympathisch sind und andere wiederum nicht, ergeht es anderen mit Ihnen. Es gibt genug Menschen, die Sie schätzen – pfeifen Sie auf den Rest!

☐ Statt von vornherein zu sagen: „Mich mag ja doch keiner", denken Sie lieber darüber nach, wie Sie für andere liebenswerter werden könnten, und dann setzen Sie es in die Tat um!

☐ Über Peinlichkeiten gehen Sie einfach hinweg oder kommentieren sie mit einem Lächeln bzw. einer selbstironischen Bemerkung. Sie können auch ein kurzes „Oh, Verzeihung!" äußern, aber bitte nicht lang und ausführlich für den Fauxpas dafür entschuldigen! Erröten ignorieren Sie – Sie spüren es mehr, als dass andere es sehen (es sei denn, Sie machen sie darauf aufmerksam!). Ihre Mitmenschen kümmern sich eh viel mehr um sich selbst – um ihre eigene Wirkung, ihre Hämorrhoiden oder ihren dicken Hintern.

Verwandte, Bekannte & Konsorten

Gute zwischenmenschliche Beziehungen – nicht nur die zum Lebenspartner, sondern auch zu Familie, Freunden und Verwandten – geben Geborgenheit und stützen so auch die Selbstsicherheit. Aber da besteht immer noch diese Jahrhunderte alte Tradition: dass die Bedürfnisse von Frauen erst an zweiter Stelle stehen. Dementsprechend scheuen viele Frauen davor zurück, sich gegenüber ihnen Nahestehenden zu behaupten: aus der unterbewussten Überzeugung heraus, es sich dann mit diesen Menschen zu „verderben" – was auf dem irrationalen Glauben basiert, ohne sie nicht leben zu können.

■ Von Aufopferung und Märtyrertum

Eine Frau, die sich in einem Beziehungsgeflecht zu machtlos fühlt, um offen zu sagen, was sie will, versucht es oft indirekt – sie gibt und gibt in der irrigen Annahme: Wenn ich alles für die anderen tue, werden sie irgendwann auch für mein Wohlergehen sorgen. Paradox: Sie ist selbstlos um eines egoistischen Ziels wegen, unermüdlich auf der Jagd nach Beistand, Wertschätzung und Anerkennung …

Aber so macht sie sich nur abhängig, denn sie ist ja darauf angewiesen, dass man ihre Winkelzüge versteht und auf diese eingeht. Sie hat es immer so gemacht, ihre Mutter wahrscheinlich auch, und immerhin sind ihr diese Verhaltensweisen vertraut.

Sie reibt sich fürs Allgemeinwohl auf und versucht durch Jammern Mitleid zu erregen. Ihr indirektes Ziel: Die anderen sollen sich verpflichtet fühlen, Schuldgefühle bekommen und deshalb mehr auf sie eingehen. Mit der Zeit geht ein solches Verhalten aber nach hinten los: Man gewöhnt sich an ihre Aufopferung, betrachtet sie als selbstverständlich, und ihr Dauer-Wehklagen bewirkt bald nicht mehr Mitgefühl, sondern Aggression, weil man sich manipuliert und beschämt fühlt. Ergebnis: Man schaltet auf „Durchzug" oder auf stur. Und die Märtyrerin staut einen mörderischen Groll auf, der sich entweder in Depressionen und psychosomatischen Krankheiten entlädt (was auch wieder ein unbewusster Appell für mehr Mitgefühl, Fürsorge und Beachtung sein kann!), in ständigem Nörgeln – oder in passiv-aggressivem Verhalten:

Sie rächt sich, indem sie zum Beispiel Dinge verbummelt, die dem „Machtinhaber" wichtig sind, ihn warten lässt, sein Essen versalzt oder anbrennen lässt, und und und. Sie tut im Prinzip, was von ihr erwartet wird, aber „ganz aus Versehen" unterlaufen ihr Fehler, die den anderen ärgern. Das bringt zwar ein wenig Genugtuung, aber im Grunde tut sie sich damit keinen Gefallen. Erstens betrachtet man sie bald als nachlässig und unfähig. Zweitens schimmert die böse Absicht allmählich durch. Kommt Ihnen das – vielleicht in abgeschwächter Form – irgendwie bekannt vor? Wenn ja, dann machen Sie sich eins klar: Durch ein solches „Spiel" machen Sie sich viel unbeliebter, als wenn Sie Ihrem Unmut Luft gemacht hätten.

Noch besser wäre natürlich, von vornherein offen zu äußern, was Sie brauchen, dass Sie auch mal ein „Danke" hören oder verwöhnt werden möchten. Sie werden feststellen, dass Sie's auf diese Art viel eher bekommen, als wenn Sie's indirekt versuchen. Ihre Partner und Ihre Angehörigen begrüßen es sicher, wenn Sie sagen, was Sie meinen und wollen, statt ständig zu jammern und zu nörgeln. Sie ersparen sich damit viel Frust und unnötige Energieverschwendung. Hilfestellung dabei geben die Kapitel „Die eigenen Bedürfnisse erforschen" (Seite 49 ff.) und „Selbstbewusst reden" (Seite 67 ff.).

■ Immer ich – und kein Dank!

Neulich jammerte eine Freundin mir vor: „Immer muss ich mich um alles kümmern! Und keiner dankt es mir!" Ich sagte: „Dann kümmer dich doch einfach nicht mehr." Sie erwiderte: „Dann würde gar nichts mehr laufen!" „Hast du's schon mal ausprobiert?", fragte ich. „Na ja, ich fühle mich einfach verantwortlich ..."

Da liegt der Haken bei so mancher Frau. Sie übernimmt zu viel Verantwortung für andere, ohne sich zu vergewissern, ob diese das überhaupt wollen, und ärgert sich dann über mangelnde Anerkennung. Aber es steckt auch noch etwas anderes dahinter: Indem sie alles in die Hand nimmt, macht sie sich unentbehrlich, was ihr wenigstens ein bisschen das Gefühl von Macht gibt – was sich teilweise auch aus dem Glauben speist, die anderen seien ihr etwas schuldig. Aber das funktioniert leider nicht – wie wir gerade gesehen haben.

Die bessere Lösung: schon vorher zu fragen „Möchtest du überhaupt, dass ich das und das für dich tue? Wenn ja, könntest du dann Folgendes für mich tun: ...?" Oder die Aufgabenverteilung gemeinsam vornehmen

(gibt es keine freiwilligen Meldungen, kann man auslosen); den anderen dann aber auch den Vertrauensvorschuss geben, dass sie es richtig machen; tolerant sein, wenn es nicht ganz nach Ihrer Nase läuft.

◆ Übung: Verantwortung abgeben

Überwinden Sie sich zwischendurch immer mal wieder, nicht für alle anderen mitzudenken und mitzusorgen. Überlegen Sie, welchen Punkt Sie etwas schleifen lassen können. Ich garantiere Ihnen: Es findet sich fast immer jemand, der sich kümmert. Vielleicht nicht ganz in Ihrem Sinne – aber die „Karre" wird trotzdem laufen. Lassen Sie einfach mal fünfe gerade sein. ◆

■ Grenzen setzen

Sich abzugrenzen – das gelingt etlichen Frauen gerade im vertrauten Kreis am wenigsten. Aus Furcht, sich Sympathien zu verscherzen, und um der lieben „Harmonie" willen ignorieren sie ständige Grenzverletzungen – andere können sich ihnen gegenüber alles Mögliche herausnehmen, ohne dass sie sich richtig zur Wehr setzen oder sich behaupten. Aber solche „konturlosen" Frauen stiften oft mehr Verwirrung als Harmonie: Man weiß nicht so recht, woran man mit ihnen ist, wie weit man gehen darf – denn manchmal explodieren sie ungebührlich, wenn ihr persönliches Maß voll ist.

■ Gegenmittel

☐ Nein sagen lernen mit Hilfe des Kapitels „Selbstbewusst reden".

☐ Gehen Sie öfter eigene Wege, kultivieren Sie Interessen, die kein Angehöriger mit Ihnen teilt.

☐ Registrieren Sie bewusst die Grenzverletzungen der anderen. Noch besser: Notieren Sie sie (zum Beispiel: Der Partner stochert auf Ihrem Teller herum, Ihre Schwester leiht sich ohne zu fragen Ihre Klamotten aus, die Freundin bedient sich an Ihrem Parfum, die Clique überfällt Sie, um bei Ihnen eine kleine Party zu feiern). Verbitten Sie sich solche Respekt- und Rücksichtslosigkeiten.

☐ Grenzen Sie Ihre Bereiche (Zimmer, Badablage, Kühlschrankecke usw.) deutlich ab – wenn's sein muss, schreiben Sie Ihren Namen auf den Jogurt. Stellen Sie klar: „Das ist meins!"

■ Wenn Eltern knebeln

Sie sind längst erwachsen, führen Ihr eigenes Leben – und trotzdem stehen Sie unter der Fuchtel Ihrer Eltern, Großeltern oder eines Elternteils. Zumindest zeitweise. Sie machen Ihnen Schuldgefühle („Wir haben so viel für dich getan – und nun enttäuschst du uns so …", „Wer weiß, wie lange ich noch hier bin …", „Das kannst du mir nicht antun" usw.) und erzwingen dadurch regelmäßige Besuche und Anrufe, kleine und große Gefälligkeiten oder sogar ständige Fürsorge. Sie mischen sich ständig in Ihr Leben ein. In besonders extremen Fällen simulieren sie Herzattacken und Ähnliches, machen tägliche Kontrollanrufe. Sie behandeln Sie immer noch wie ein kleines, dummes Kind – und so fühlen Sie sich auch nach jedem Besuch.

Finanzielle Abhängigkeit von den Eltern verschlimmert die Problematik. Wenn diese meinen, Sie dafür im Gegenzug herumkommandieren zu können, sollten Sie um Ihrer Selbstachtung willen eine Strategie andenken, die Sie finanziell unabhängig macht. Vielleicht müssen Sie dafür mehr arbeiten oder kurzfristig Geld leihen, aber Ihr wachsender Stolz wird das bald aufwiegen.

Natürlich haben die Betreffenden viel für Sie getan. Aber sie können nicht erwarten, dass Sie sich dafür lebenslang erkenntlich zeigen und weiterhin das liebe Töchterlein spielen. Wenn ein Kind erwachsen geworden ist, muss es über sich selbst bestimmen können – dann sollten Dankbarkeit und Elternliebe auf freiwilliger Basis stattfinden. Wenn Sie es zulassen, dass Ihre Eltern Sie manipulieren, kontrollieren und bevormunden, geht das auf Kosten Ihres Selbstbewusstseins und eines erfüllten Lebens.

■ Was können Sie tun?

Auch wenn es zunächst hart klingt: Überlegen Sie, was wäre, wenn diese Angehörigen tot wären: Würden sie Ihnen nicht fehlen, dann ist eine vorübergehende Trennung vielleicht das Beste; wäre es ein großer Schmerz für Sie, sollten Sie mit diesem Grundgefühl an die Lösung Ihres Problems herangehen: Reden Sie ein offenes, aber liebevolles Wort mit ihnen, oder schreiben Sie einen Brief.

Gerade der Mutter gegenüber fällt es schwer zu sagen: „Ich brauche Zeit für mich, ich möchte eine Weile allein sein", weil Sie sie nicht verletzen wollen. Doch wenn Sie Verständnis für sie signalisieren, werden Sie es Ihrerseits zurückerhalten.

◆ **Übung**
Arbeiten Sie nochmals die Abschnitte „Kritik und Unmut äußern"
(Seite 75) und „Kindheitsbewältigung" (Seite 18/19) durch. ◆

■ **Die liebe Schwiegermama**

Im Interview erzählte mir eine Frau folgende Geschichte: „Wenn meine
Mutter als Jungverheiratete nicht zu Hause war, pflegte ihre Schwiegermutter die ganze Wohnung zu inspizieren und dann im Dorf herumzu-
erzählen, was sie vorgefunden hatte. Meine Ma ließ sich davon so einschüchtern, dass sie jedesmal, bevor sie aus dem Haus ging, panisch alles
aufräumte und sauber machte, so dass sie grundsätzlich zu spät loskam
(beziehungsweise wir alle). So hatte sie zwar ihren Seelenfrieden in
Bezug auf den ‚Hausdrachen' und den Dorfklatsch, aber der Rest der
Familie litt fürchterlich unter dieser Manie (die sie sogar beibehielt, als
die Oma längst nicht mehr spionieren kam). Nicht selten saßen wir eine
komplette Stunde im Auto und warteten auf sie." Die Moral von der
Geschicht': Da man es nie *allen* recht machen kann, sollte man sich
gründlich überlegen, *wem* man es recht machen will.

Bei anderen Frauen leidet weniger die Familie als sie selbst. Lohnt es
sich, nur um des lieben Friedens willen ein Magengeschwür oder einen
Nervenzusammenbruch zu riskieren? Wenn die Oma beispielsweise
viel auf die Kinder aufpasst und sie so verwöhnt, dass die Kleinen sie
gegen die Mutter ausspielen, ist es manchmal besser, eine andere Baby-
sitterin zu suchen. Macht die Schwiegermama Ihnen das Leben regel-
recht zur Hölle, kommen Sie eventuell um den radikalen Bruch nicht
herum – und wenn das bedeutet umzuziehen.

Mit den meisten Schwiegermüttern bessert sich aber das Einvernehmen,
wenn Sie ihr geben, was sie eigentlich braucht: Verständnis. Dafür, dass
Sie ihr den Sohn entziehen. Dass Sie vielleicht nicht ihre Wunschkandi-
datin sind. Dass sie sich aus Ihrer Familie ausgeschlossen fühlt und ein
kleines bisschen neidisch ist, weil sie keine eigene mehr hat oder selbst
ein entbehrungsreiches Leben führte.

Nörgelt und kritisiert sie viel, lenken Sie die Kommunikation auf das,
was ihr Freude macht. Reden Sie über ihre Vergangenheit, über die
Enkel, fragen Sie nach ihrer Gesundheit, loben Sie sie.

Haben Sie die Atmosphäre auf diese Weise verbessert, fällt es auch leichter, ein ernstes Wort mit ihr zu reden, etwa sie um weniger Einmischung
zu bitten.

Selbstbewusst als Hausfrau und Mutter

■ Das bisschen Haushalt ...

„Ich bin *nur* Hausfrau", sagt so manche Frau kleinlaut, wird sie nach ihrer Tätigkeit gefragt. Dabei ist das mehr als ein ‚Vollzeitjob'. Hausfrau sein verlangt etliche Fähigkeiten, vor allem, wenn auch noch Kinder da sind. Und wie soll man das nennen, wenn die Frau auch noch arbeiten geht? ‚Ganzzeitjob'? Oder 16-Stunden-Tag? „Kinder und Haushalt sind Frauensache" – dieses überholte Rollenklischee, das vor allem Männer (logisch!) nicht über Bord werfen wollen, passt nicht mehr zur modernen, gleichberechtigten Frau. Aber nicht einmal jeder fünfte Mann kümmert sich um die Kinder, nur 20 bis 30 Prozent helfen im Haushalt mit, obwohl ein guter Teil der Frauen voll berufstätig ist – selbst dann fällt die männliche Beteiligung kaum höher aus. Das erbrachte eine aktuelle Umfrage des „Heidelberger Instituts für interdisziplinäre Frauenforschung". Kein Wunder, dass 90 Prozent der befragten Frauen über Zeitmangel und Überlastung klagten.

Da die stärkere Einbindung des Partners nicht gelingt, greifen die Frauen auf ein Netzwerk zurück, das wiederum fast nur aus Frauen besteht: Da wird die Oma, Tante oder Freundin zum Kinderhüten eingespannt, eine Putz- oder Haushaltshilfe engagiert. Und wer so etwas nicht hat bzw. es sich nicht leisten kann, arbeitet eben bis zum Umfallen. Nicht selten leidet da die Gesundheit. Wobei der krank machende Faktor eher die mangelnde Anerkennung ist als die physische Belastung, so eine Studie der Medizinischen Hochschule Hannover. Unbezahlte Arbeit, die im Verborgenen, in den eigenen vier Wänden stattfindet, wird eben kaum gewürdigt. Meist nicht mal vom eigenen Ehemann, der nicht versteht, warum er seine Frau, wenn er sie mitfinanziert, für ihre „selbstverständliche" Arbeit loben soll. (*Er* kriegt seine Anerkennung ja über den Beruf – in Form von schönen Titeln, Beförderungen, vorzeigbaren Leistungen und vor allem in Form eines Gehalts!) Im Gegenteil – wenn er nach Hause kommt von der harten Welt da draußen, will er ein gepflegtes, reibungslos funktionierendes Heim vorfinden und verwöhnt werden. Die Gattin aber verwöhnt keiner.

Es gibt gegen diese Lieblosigkeit kein Patentrezept – vielleicht helfen Ihnen aber folgende Tipps zumindest ein Stück weit:

☐ Verschaffen Sie sich ein bißchen mehr Geltung (vor sich selbst und vor anderen), indem Sie sich bezeichnen als: Haushaltsvorsteherin, Familienmanagerin, Erzieherin, Köchin, (Haus-)Wirtschafterin, Kindergärtnerin. Nebenberuflich sind Sie wahrscheinlich auch noch Chauffeurin, Seelsorgerin, Gärtnerin, Schneiderin und vieles mehr.

◆ Übung

☐ Notieren Sie eine oder zwei Wochen lang ganz genau, wie viel Wochenstunden Sie arbeiten (in Ihrem Beruf, falls Sie auch noch erwerbstätig sind, und im Dienst der Familie): jede einzelne Tätigkeit, auch Herumfahren oder Einkaufen, mit Datum und Uhrzeit. Zeigen Sie Ihrem Partner die Aufstellung. Sie sind zu genauso viel Freizeit berechtigt wie Ihr Mann, selbst wenn sein Job als „höherrangig" gilt. Angenommen, er kommt inklusive Mithilfe im Haushalt auf etwa 48 Wochenstunden, Sie auf 72. Danach machen Sie ihm klar, dass die 24 „Überstunden" entweder aufgeteilt oder an eine Hilfe abgegeben werden müssen.

☐ Zahlreiche „Nur-Hausfrauen" glauben, da ihr Mann das Geld verdient, sich automatisch unterordnen zu müssen und auch nicht so viel ausgeben zu dürfen wie er. Aber rechnen Sie einmal durch, wie viel eine Haushälterin und ein Kindermädchen kosten würden! Dafür ginge sicher mehr als die Hälfte seines Einkommens drauf. Was übrigens die wenigsten wissen: Verheiratete haben einen rechtmäßigen Anspruch auf 5 bis 7 Prozent des Nettogehalts des Alleinverdieners – als Taschengeld.

☐ Seien Sie nicht ständig verfügbar, nehmen Sie Ihrer Familie nicht alles ab. Schicken Sie zum Beispiel die Kinder mit Problemen auch mal zum Vater.

☐ Sie haben Rechte in Ihrem Heim – auf Ruhe, auf Ihren eigenen Bereich, Ihre eigene Musik, auf Unordnung, auf Entspannung etc. Treten Sie dafür ein. ◆

■ „Kinder, jetzt ist aber Schluss!"

Sich gegenüber den eigenen Kindern durchzusetzen, das ist vor allem für eine Mutter mit geringem Selbstwertgefühl schwer. Denn dieses nährt sich aus der Liebe ihrer Kinder. Zudem ist sie auf die Bestätigung, eine perfekte Mutter zu sein, angewiesen. Also ist sie die liebevolle, großherzige, verwöhnende Super-Mama. Sobald die Kinder weinen oder unglücklich scheinen, kommt in ihr die Angst hoch, als Mutter zu versagen. Sie übernimmt auch alle Schuld und Scham, wenn sie sich nicht normgerecht benehmen, etwa im Café schreien oder im Supermarkt Sachen aus den Regalen zerren.

Aber die Kinder erspüren die Abhängigkeit ihrer Mutter. Je weniger sie aushält, umso mehr nehmen sie sich heraus. „Im Haushalt mithelfen? Wie ätzend! Was, ich kriege keinen Computer? Dann kann ich auch keine Schularbeiten mehr machen!" Und überbehütete Kinder werden oft gemein zu ihrer Mutter: erstens, weil es

> Mütterkuren und Anti-Stress-Programme bietet das Deutsche Müttergenesungswerk, Postfach 12 60, 90544 Stein. Die Broschüre „Mütter stärken" erhalten Sie gegen einen mit 2 DM frankierten Rückumschlag. Infos erteilen auch: Caritas, Rotes Kreuz, Diakonisches Werk oder die Wohlfahrtsverbände.

sie verletzt, dass die Mama ihnen keine Alleingänge zutraut; zweitens gewinnen sie so ein bisschen Distanz, befreien sich aus dem allzu engen elterlichen Netz. (Tipp: Zeigen Sie Ihrem Nachwuchs deutlich, dass Sie sich auch selbst wichtig sind, tun Sie mehr für sich – und für Ihr Selbstwertgefühl, indem Sie sich mit Kapitel 2 befassen!)

Mag sein, dass das alles kaum auf Sie zutrifft und es Ihnen nur an Durchsetzungsvermögen mangelt. Das Ergebnis ist möglicherweise dasselbe: Ihre Sprösslinge versuchen Sie zu provozieren, zu erpressen, zu manipulieren, Sie herumzukommandieren und auszunutzen. (Bei zwei- bis dreijährigen Kindern mag Aggression noch entwicklungsbedingt sein, ebenso bei Pubertierenden – aber bei allen anderen?)

Kinder loten ihre Grenzen aus. Wenn Sie ihnen keine setzen, werden sie zu kleinen Tyrannen – einerseits um der eigenen Vorteile willen, andererseits, um sich den Halt zu erzwingen, den sie brauchen. Dies ist keine Aufforderung zum Schlagen oder zum Strafen. Aber manchmal müssen Sie Ihr kleines „Ungeheuer" eben mal packen und festhalten oder ein Machtwort sprechen. Das macht Sie noch lange nicht zur Rabenmutter – Kinder brauchen eine Orientierungshilfe, um sich im Leben zurechtzufinden. Versuchen Sie, ruhig und konsequent zu bleiben, lassen Sie sich nicht erpressen – auch wenn das Geschrei oder das Geschmolle noch so groß ist. Inkonsequenz (erst durchgreifen, dann

doch weich werden) und widersprüchliches Verhalten (heute streng, morgen nachgiebig; oder: Sie jammern, Ihr Mann lacht) verstärken kindliche Aufsässigkeit eher noch. Falls Sie Probleme haben sich durchzusetzen, empfehle ich Ihnen das komplette Kapitel 3 – Sie können die Techniken auch bei Kindern anwenden.

▪ Wie Kinder kooperativer werden

☐ Indem Sie ihnen klarmachen, dass sie sich Ihrer Liebe sicher sein können, auch wenn Sie mal etwas lauter werden.

☐ Kinder wollen die Welt erkunden, Herausforderungen bestehen, „selber machen". Eine Mutter, die ihren Kindern alles Lästige abnimmt und sie überbehütet, sabotiert diese Bedürfnisse. Das Kind kann sie quasi nur noch hinten herum befriedigen: Indem es beispielsweise die Mutter herausfordert, sich kräftemäßig mit ihr misst, ihr ständig einen Widerpart bietet.
Das Erfolgserlebnis besteht dann darin, dass die Mutter klein beigibt. Lassen Sie Ihre Kinder lieber andere Herausforderungen bestehen, ihre eigenen Erfahrungen machen und geben Sie ihnen (kleine) Aufgaben (etwa im Haushalt – dafür gibt's dann ein dickes Lob!).

☐ Grenzen müssen klar und realistisch gesetzt werden: Welche Hausarbeit soll bis wann erledigt sein, wie lange am Tag darf ferngesehen werden, wann muss das Kind abends zu Hause sein?

☐ Verlieren Sie bei kindlichem Trotz nicht gleich die Nerven. Benutzen Sie *Dr. Degners* „Notstopp" (Seite 79). Manchmal ist es besser, cool zu bleiben und das Kind die Folgen seines Trotzes selber erfahren zu lassen: Dann geht es eben ungekämmt zur Schule oder hungrig ins Bett …

☐ Sagen Sie Ihren Kindern stets deutlich, was Sie von ihnen erwarten. Gehen Sie dabei auf gleiche Höhe mit ihnen, sehen Sie ihnen fest in die Augen, fassen Sie sie eventuell bei der Hand oder an der Schulter.

☐ Schließen Sie „Verträge" ab: volles Taschengeld gegen Mithilfe im Haushalt; Fernsehen nach Erledigung der Schularbeiten; in seinem Zimmer kann es machen, was es will, darf aber in der übrigen Wohnung nichts herumliegen lassen usw.

☐ Schon kleine Kinder haben von Natur aus einen großen Bewegungsdrang. Geben Sie ihnen genug Gelegenheit ihn auszuleben, damit das auch später so bleibt! Kids, die sich auspowern dürfen (ob in der Natur, auf der Straße oder im Verein), sind weniger aggressiv.

■ Bin ich eine gute Mutter?

Wenn Sie Kinder haben, kennen Sie das sicher: Jeder glaubt, auf Sie einreden zu müssen, wie Sie die Sprösslinge richtig behandeln und erziehen sollen. „Verwöhn sie nicht zu sehr", „Lass sie nicht so oft allein", „Was??? Du gehst arbeiten, während deine Kleine krank ist?", „Jedes Kind will mal Süßigkeiten", „Du gibst deinen Kleinen viel zu viel Zuckerzeug!", „Kinder brauchen eine strenge Hand", „Auf keinen Fall schlagen!!!" und so weiter. Wenn Sie zu sehr auf solche „gut gemeinten" Ratschläge hören, wissen Sie letztendlich gar nicht mehr, was richtig oder falsch ist, und fangen an zu zweifeln, ob Sie eine gute Mutter sind. Fremdeinmischung setzt fast immer bei Ihnen an – seltenst beim Vater. Leider begreifen sich etliche Frauen, sobald sie Kinder haben, nicht mehr als eigenständige Person, sondern nurmehr als Mutter. Und sie übernehmen die landläufige Definition von „mütterlich": fürsorglich, opferbereit, selbstlos. Doch Vorsicht: Vernachlässigen Sie Ihr eigenes Wohlergehen nicht! Wer sich immer nur aufopfert und das auch durchblicken lässt, verursacht bei den Kindern Schuldgefühle, die sich eher in Abwehr und Aggression verkehren als in Mutterliebe. Wenn Sie Ihr komplettes seelisches Gleichgewicht aus den Kindern beziehen, setzen Sie sie einem zu großen Druck aus – und unter Druck ist es schwer, Zuneigung zu empfinden.

Ich weiß noch, wie stolz ich als Kind auf meine Mama war, die Spaß am Sport hatte oder sich hübsch machte, um (selten genug) mit ihrer Freundin loszuziehen. Da nahm ich es gerne in Kauf, einmal einen Nachmittag allein oder bei der Oma zu verbringen. Später, als die Kinderschar und die Belastungen immer größer wurden und sie sich nur noch für uns aufrieb, wäre es mir lieber gewesen, ich hätte eine etwas egoistischere, dafür aber auch glücklichere Mutter gehabt. Doch sie wollte es allen recht machen: uns, unserem Vater, der Schwiegermutter, den Nachbarn – und vergaß darüber, es sich selber recht zu machen.

Sie kennen Ihre Sprösslinge am besten – und bestimmt wollen Sie das Beste für sie. Begegnen Sie Einmischungen mit einem gelassenen „Ich denke, ich weiß selbst, was für meine Kinder gut ist". Und wenn jemand Sie der Vernachlässigung Ihrer Kleinen bezichtigt, erwidern Sie lächelnd: „Glückliche Kinder brauchen eine glückliche Mutter."

6. KAPITEL

Selbstbewusstsein in der Liebe

Stark in der Partnerschaft

Dass jemand mit geringem Selbstbewusstsein meist auch Beziehungsprobleme hat, kann man sich denken. Aber sogar Frauen, die in Beruf, Öffentlichkeit und Freundeskreis Sicherheit ausstrahlen, lassen sich vom Partner unterbuttern. Wie kann das passieren? Die hoch emotionelle Welt der Liebe lässt alte Verhaltensmuster wieder aufleben, die man in anderen Bereichen vielleicht längst im Griff hat. Da lauern alle möglichen *Beziehungsfallen.* Die zehn wichtigsten:

1. **„Du bist mein Ein und Alles"**
Frauen neigen dazu, den Mann zum Mittelpunkt ihres Lebens zu machen, nach dem sie alles ausrichten. Sie denken für ihn mit, sorgen sich um ihn, fühlen sich in ihn ein. Allen emanzipatorischen Bestrebungen zum Trotz scheint es immer noch vor allem die Frau zu sein, die sich um den Zusammenhalt der Partnerschaft bemüht – und deshalb so oft ihre eigene Unterordnung, ihre Ohnmacht und ihre Frustrationen vorprogrammiert. Warum? Hier einige Erklärungsversuche: Wir sind stärker auf Beziehungen angewiesen als Männer. Manche Psychologen glauben, das komme daher, dass Jungs von ihrer ersten Liebespartnerin, der Mutter, meist genug Zuneigung bekämen, Mädchen jedoch von ihrer ersten großen Liebe, dem Vater, eher nicht – daher sind wir im Durchschnitt liebesbedürftiger als Männer. Andere sehen den Grund hierin: Es ist noch nicht so lange her, da war das ganze Dasein einer Frau darauf ausgerichtet, zu einem Mann zu gehören, der sie versorgte. Das heißt, sie war existentiell von einer Partnerschaft und deren Erhalt abhängig. Heute ist das (meist) anders, aber ein Jahrtausende altes Programm lässt sich nicht so einfach vom Tisch wischen.
Wie dem auch sei: Der Mann jedenfalls tendiert seinerseits dazu, das Leben „draußen" – Beruf, Hobbys, Freunde – als mindestens so wichtig zu betrachten wie die Partnerschaft. Und er befürchtet unbewusst, seine Identität zu verlieren oder beherrscht zu werden, wenn er sich zu sehr auf die Partnerin einlässt. Deshalb grenzt er sich ab. Es ist ungewiss, ob solch eine Beziehung noch erhalten bliebe, wenn die Frau sich nicht kümmern würde – meist lässt sie's nicht darauf ankommen.

Die Crux: Traditionell erzogene Frauen finden oft nur an traditionell erzogenen Männern Gefallen. Und fast zwangsläufig kitzelt ein solches Paar gegenseitig die entsprechenden Rollen aus sich heraus. Er dominiert, sie ordnet sich unter.

Da verfallen sogar eisenharte Karriereladys in die Weibchenrolle: bekochen, bemuttern, verwöhnen, sich anpassen. Diese Frauen hatten oft Väter (oder Mütter), die ihnen nur Zuwendung erwiesen, wenn sie sich „typisch weiblich" verhielten.

Leider wünschen sich sehr viele Männer solche Partnerinnen – trotz anderslautender Aussagen. Düstere Bilanz: Einer wirklich selbstsicheren Frau bleibt oft gar keine große Auswahl möglicher Partner, und so wird sie vielleicht von selbst zurückstecken, um noch einen „abzukriegen". Es heißt ja gern, Männer hätten Angst vor selbstbewussten Frauen. Ich glaube, es ist weniger Angst als der Unwille, auf Macht und Vorteile innerhalb der Beziehung zu verzichten. Aber je selbstbewusster wir werden, umso mehr sind auch die Männer gezwungen, ihre Gesinnung zu ändern. Von sich aus wird kaum einer den Anfang machen – das müssen wir übernehmen.

2. „Mein Seelenheil hängt von dir ab"

Eine Frau, die sich selbst nicht liebt, braucht den Partner, um ihr Vakuum an Selbstliebe aufzufüllen. Sie „missbraucht" ihn: Er soll ihr ständig bestätigen, dass sie liebenswert ist. Tut er das nicht, geht er auf Distanz, zieht sich ein Stück zurück oder verlässt sie gar, bricht das geborgte Ego zusammen: Sie fühlt sich klein, nichtig, wertlos. Wenn er sie herabsetzt oder lieblos behandelt, wird sie ganz klein mit Hut, statt sich zu wehren.

Ihr Selbstwertgefühl hängt so sehr von ihm ab, dass sie sich nicht traut, Profil zu zeigen: Bis hierhin und nicht weiter – das lasse ich mir von dir nicht mehr gefallen! Und sie nimmt alles zu persönlich. Unternimmt er mal was mit Freunden, betreibt seinen eigenen Sport, arbeitet länger, guckt Fußball, statt mit ihr zu kuscheln, denkt sie gleich: Er liebt mich nicht mehr, langweilt sich mit mir. Kleine Nachlässigkeiten, ja selbst harmlose Versäumnisse werden zu Generalangriffen wider das eigene Ich dramatisiert.

Konsequenz: Um seine Zuneigung ja nicht zu verlieren, tut sie alles für ihn, nimmt sich selbst zurück oder spielt Spielchen. (Die helfen aber genauso wenig wie Selbstverleugnung: Sobald er sie nämlich durchschaut, steht sie als armselige Liebesbedürftige da.) Und sie wendet bei ihm das gleiche Muster an wie früher bei ihren Eltern: Sie versucht, sein Idealbild von ihr herauszubekommen und diesem weitmöglichst zu entsprechen. Aus der Angst heraus, er könnte ihren „wahren" („minderwertigen") Kern entdecken – dass sie es nicht wert ist, geliebt zu werden –, verstellt sie sich, verhält sich so, wie sie glaubt, dass er es erwartet.

Dieser „Chamäleon-Effekt" bewirkt nicht nur, dass er sie so nie um ihrer selbst willen lieben wird. Sie verliert auch ihre Individualität, gibt ihre Eigenständigkeit auf, wird nur noch zu einem Anhängsel von ihm. Folge: Sie ist keine Herausforderung mehr für ihn, verliert an Reiz (typisches Zeichen: Er hört nicht mehr zu, schaut woanders hin, wenn sie was erzählt). Dass ihr ganzes Seelenheil von ihm abhängt, ist eine zu hohe Verantwortung und Belastung für ihn. Er wird erdrückt von dieser Liebe. Doch je mehr er sich von den Fesseln befreit, desto mehr will sie ihn festhalten, erinnert ihn an all das, womit er ihr einmal seine Zuneigung gezeigt hat, versucht, das zu erbetteln und zu erzwingen – was ihn noch mehr wegtreibt. Und so weiter.

3. „Du sollst mein Glücksstern sein"

Gesucht: der Mann, der ihre Defizite kompensiert. Er hat die Eigenschaften, die ihr fehlen (etwa: aktiv, energisch, souverän, erfolgreich), er soll ihr die Lebensträume verwirklichen, die sie allein nicht zu realisieren wagt (Abenteuer, Reisen, bestimmte Sportarten …), er soll ihr Dinge nahe bringen, an die sie sich nicht so recht herantraut (höhere Kreise, Bildung, wilder Sex …) oder zu denen ihr die Mittel fehlen. Meint sie, ihn gefunden zu haben, fixiert sie sich völlig auf ihn. Sie hat ungeheure Erwartungen an diesen einen Menschen, und wenn er sie enttäuscht, lässt sie ihn das spüren. Er jedoch wird allmählich versuchen, den Umgang mit dieser Frau zu meiden, die sich so verzweifelt an seinen Rockzipfel klammert und die ihm ständig ein schlechtes Gewissen einflößt.

4. „Du groß – ich klein"

Traurig, aber wahr: Viele Männer vertragen keine selbstbewusste Frau an ihrer Seite. Ihr Rollenverständnis: Ein „echter" Mann darf sich auf keinen Fall von einer Frau dominieren lassen. Um das gründlich auszuschließen, sperren sie sich gegen alle Versuche der Partnerin, in der Beziehung auch einmal das Sagen zu haben.

Und gerade ein Mann, der selber ein kleines Ego oder Komplexe hat, übertüncht das, indem er den Macho herauskehrt. Er kann sich nur stark fühlen, wenn sich die Partnerin klein macht – oder er übernimmt das „Kleinmachen". Das geschieht meist schleichend. Etwa, indem er sie viel kritisiert und ihr wenig Anerkennung gibt, indem sie ihm nichts mehr recht machen kann. Durch spitze Bemerkungen wie „Musst du immer das letzte Wort haben?", „Nun werd nicht hysterisch!", „Jetzt sei doch mal still!", „Wen interessiert denn das (was du sagst/meinst/willst)?" Durch Spott und Ironie. Durch Verniedlichung („Seit wann ist mein kleines Mäuschen denn so zickig?"). Indem er anderen herabsetzende Geschichten über sie preisgibt („Haha – wisst ihr, was meiner Frau neulich passiert ist? …"). Indem er sie überfährt mit seinen Plänen und Bedürfnissen und nicht auf ihre eingeht. Mit einem Wort: Er schmälert ihr Selbstwertgefühl durch Respektlosigkeit.

5. „Ich bin so zart und hilflos"

Macht eine Frau auf zart, anlehnungsbedürftig, hilflos, hat das Vorteile (meist) für sie: Sie wird geschont und beschützt, kann alle unangenehmen Aufgaben auf ihn abschieben. Unmut, Wut, Frustration tut sie nicht mit Worten kund, sondern fängt an zu heulen. Natürlich zieht ein dominanter Mann sie magisch an.

Auch für ihn hat ein solches Verhalten Vorteile: Es schmeichelt seinem Ego. Es gefällt ihm anfangs wahrscheinlich, dass er öfter seine Überlegenheit demonstrieren kann: „Kleines, lass mich mal machen." Die Kehrseite: Über kurz oder lang hat nur noch er das Sagen, stellt sie in den Schatten, behandelt sie von oben herab („Na, was hat mein Häschen heute denn Feines gemacht?") – und verliert schließlich komplett die Achtung vor ihr.

Zudem: Lässt sie ihn alles regeln und überlässt immer nur ihm den Part des Starken, beraubt sie sich der Gelegenheiten, selbst stärker zu werden, und wird immer unselbstständiger.

6. „Ich gebe mehr als du"

Viele Männer erwarten automatisch, versorgt und bemuttert zu werden, weil sie es zu Hause bei Muttern so erlebt haben. So manche Frau steigt darauf ein, weil sie es nicht anders kennt, und fordert kaum etwas von ihm. Sie findet sich damit ab, dass er nicht einmal ihren wichtigsten Bedürfnissen entgegenkommt, redet sich ein: „Ich darf nicht zu viel erwarten, ich muss realistisch sein." Dahinter steckt der Gedanke: So ein Mann ist besser als gar keiner.

Stattdessen investiert sie Mühe, Zeit, Geld – um ihm ihre Liebe zu zeigen, ihn an sich zu binden, sich unentbehrlich zu machen. Dummerweise verstehen sich Männer in Beziehungen traditionell besser aufs Nehmen als aufs Geben, und wenn die Frau dann auch noch das Pech hat, einen richtigen Pascha erwischt zu haben, ist es ein Fass ohne Boden: Sie kann so lange und so viel hineinwerfen, wie sie will, es kommt nichts dabei heraus.

Meist steckt hinter dem ganzen Engagement auch noch die Erwartung: Ich gebe, damit du gibst. Statt dem Partner klar zu sagen, was sie an Zuneigung, Hilfestellung, Aufmerksamkeit usw. braucht und möchte, gibt sie ihm diese Dinge – und zwar oft nicht mal das, was er selber gern hätte, sondern das, was sie sich von ihm wünscht –, in der Hoffnung, dass er irgendwann auf die Idee kommt, es zurückzugeben. Ist das nicht der Fall, fühlt sie sich ausgenutzt.

7. „Wenn du mich lieben würdest … (wüsstest du, was ich brauche)"

Mit so einem Satz „schießt sich eine Frau selbst in den Fuß". Der Partner hält ihn nämlich für Provokation, Erpressung oder schlichtweg für lächerlich. Seiner Meinung nach tut er alles Mögliche für die Beziehung (indem er seine wertvolle Freiheit aufgibt, Kompromisse macht, finanziell mehr investiert …), aber das scheint sie ja nicht zu schätzen. Also kann er's ja gleich lassen.

Sie denkt: „Wenn ich offen etwas verlange, erscheine ich zu fordernd. Halte ich mich zurück, wird er schon auf mich zukommen." Sie geht davon aus, dass er ihre Winke versteht bzw. sich überhaupt die Mühe macht, über ihre Bedürfnisse nachzudenken. Und ist dann enttäuscht, wenn er nicht errät, was sie gern hätte. Damit verhindert sie aber nicht seine Missbilligung, die sie so fürchtet, sondern provoziert sie geradezu. Da sie sich in seinen Augen nämlich widersprüchlich verhält (erst kriegt sie den Mund nicht auf, dann ist sie eingeschnappt), statt sich klar auszudrücken, fängt er an, *sie* abzulehnen und nicht nur ihre Forderungen. Zudem entsteht oft folgender Teufelskreis: Sie traut sich nicht, Ansprüche zu stellen, wird immer enttäuschter; sie entwickelt unterschwellige Aggressionen gegen ihn, verbietet sich jedoch aus Angst vor Liebesentzug sie rauszulassen. Also „maskiert" sie sie: etwa indem sie

schmollt, keine Lust mehr hat auf Sex oder Zärtlichkeiten, indem sie ihn warten lässt, indem sie Unternehmungen, an denen er Freude hat, boykottiert. Aber: Gerade solche passiv-aggressiven Finten bewirken erst, dass er tatsächlich mit Liebesentzug reagiert. Woraufhin sich ihre Frust-Aktionen häufen. Und so weiter.

8. „Ich bin ja so hässlich/fett/blöd/ungeschickt ...“

Eigentlich soll er widersprechen und ihr permanent sagen, wie toll und liebenswert sie ist. Oder sie will durch solche Selbstbezichtigungen vermeiden, von ihm kritisiert zu werden, und erledigt das vorsichtshalber schon mal selbst. Das verletzt sie weniger und gibt ihr das Gefühl, mehr Kontrolle zu haben.

Aber ihre ständigen Selbstherabsetzungen führen letztendlich nur dazu, dass

a) er sie wirklich glaubt bzw. dadurch so erst auf die (vermeintlichen oder tatsächlichen) Schwachstellen aufmerksam wird;

b) sie ihm auf die Nerven geht – wer will schon mit einer Frau zusammen sein, die ständig an sich herumnörgelt (zu kleiner Busen, Orangenhaut, mangelnde Bildung ...);

c) sie ihm selbst Munition an die Hand gibt, die er gegen sie verwenden kann („Lass das Brötchen ruhig mir – du hast doch selbst gesagt, du wärst zu fett“). Greift er tatsächlich ihre Selbstbezichtigungen auf, kann sie ihm vorwerfen: „Gib's doch zu, ich gefalle dir gar nicht mehr!“ Und auf dem Fuße folgt der Satz:

9. „Die findest du attraktiver/toller/sexyer ... als mich“

Sie verdächtigt ihn, dass er andere Frauen begehrenswerter findet. Die Folge: Misstrauen, Vorwürfe, Kontrollmaßnahmen. Er fühlt sich unberechtigt beschuldigt, bezichtigt sie der übertriebenen Eifersucht. Sie wiederum sucht immer verzweifelter nach „Beweisen“ (um zu zeigen, dass ihre Vorahnungen nicht krankhaft, sondern begründet sind), unterstellt ihm schließlich so vehement das Fremdgehen, dass sie ihn mehr oder weniger hineintreibt. Denn er sagt sich: Wenn ich ihre ständigen Anschuldigungen schon über mich ergehen lassen muss, dann sollen sie wenigstens berechtigt sein.

Jede Frau kennt Eifersucht. Aber eine Frau, die ihren ganzen Selbstwert aus der Partnerschaft bezieht, ist besonders anfällig dafür. Mangelndes Selbstvertrauen führt zu mangelndem Vertrauen in den Partner.

10. „Immer die Falschen ..."

Diese „Selbstsaboteurin der Liebe" sucht sich immer wieder Männer, die sie enttäuschen und erniedrigen, mit denen keine erfüllte Beziehung möglich ist. Warum?

Erste Möglichkeit: Weil sie tief drinnen überzeugt ist, minderwertig zu sein und von daher keine Liebe zu verdienen. Unbewusst-gezielt wählt sie einen Kerl, der ihr das bestätigt.

Zweite Möglichkeit: Sie inszeniert und wiederholt unwillkürlich eine Kindheitssituation (da ist eine Bezugsperson, an die sie einfach nicht herankommt, die sie als „unerreichbar" erlebt) in der verzweifelten (und vergeblichen) Hoffnung, dieses Schema aus eigener Kraft zu durchbrechen. Indem sie nämlich diese „Distanz-Person" dazu kriegt, sie grenzenlos zu lieben.

Dass sie in beiden Fällen die Verliererin ist, versteht sich von selbst. Eine Frau, die (auf) sich achtet, hält sich „gefährliche" Typen vom Leib. Sie beachtet Warnsignale wie: Er vergisst Verabredungen mit ihr oder Anrufe, er will oder kann sich nicht binden, kommt chronisch zu spät, ist nur selten zärtlich.

Dritte Möglichkeit: Sie hat solche Angst vor tiefen, langen Bindungen, dass sie instinktiv beziehungsuntaugliche Männer bevorzugt. Trifft sie mal auf einen „brauchbaren", entwickelt sie bald Verhaltensweisen, die ihn in die Flucht schlagen.

Der vierte heimliche (und oft unbewusste) Grund, beim „Falschen" zu bleiben: Man kann wichtige Entscheidungen vermeiden (Zusammenziehen, Heiraten, Familienplanung usw.) und ihm die Schuld dafür in die Schuhe schieben. Wie meine Freundin Eva: „Jedesmal, wenn ich in einer kritischen Phase war – Prüfungszeit, Vorträge, Konferenzen – brach mein Freund irgendeinen großen Streit vom Zaun: dass unser Sexleben langweilig geworden sei, dass wir nicht zusammenpas-

> In der Liebe bekommen Sie das, was Sie tief in ihrem Innern zu verdienen glauben – nicht das, was Sie eigentlich verdient haben. Viele Frauen erkennen dabei nicht, dass *sie selbst* die Grundlagen für das unerwünschte Verhalten des Partners legen. Solange sie sich wie hilflose kleine Mädchen benehmen, bevormundet er sie. Solange sie nur selbstlos geben, ohne zu fordern, nutzt er sie aus. Solange sie sich anpassen, sieht er keinen Grund dazu, sich zu ändern. Solange sie den Falschen nachlaufen, wird das nie was mit der Liebe ...

sen würden usw. Das lenkte mich so ab, dass ich mich nicht mehr auf meine Arbeit konzentrieren konnte. Oder er setzte unseren gemeinsamen Urlaub genau zu solchen Terminen an." Irgendwann erkannte sie, dass *sie selbst* zwiespältig war in der Frage „Karriere oder Kinder?", sodass sie an einem Mann festhielt, der sie beruflich sabotierte.

■ Vorbeugungsstrategien

☐ Geben Sie sich von Anfang an so, wie Sie wirklich sind. Wenn Sie ihm nämlich was vormachen, um ihn „rumzukriegen", wird er abgeturnt sein, sobald Sie anfangen, die Maske zu lüften. Verfallen Sie nicht zu schnell in Kompromisse und Anpassung; ansonsten entsteht der Eindruck, Sie würden besser zusammenpassen, als Sie es wirklich tun. Spielen Sie nicht gleich das bemutternde Superweibchen.

◆ Übung

Gehen Sie Ihren „Liebesmustern" auf den Grund. Kopieren Sie die Ihrer Eltern, oder erstreben Sie insgeheim immer noch deren Liebe? (Siehe auch „Kindheitsbewältigung" im Kapitel „Die Ursachen von Unsicherheit", Seite 13 ff.) Soll der Partner die Zuwendung ersetzen, die Sie früher nicht bekommen haben? Soll er Ihre Defizite ausgleichen oder Ihre Lebensträume verwirklichen? Tun Sie ihm damit nicht Unrecht? Eignet er sich überhaupt dazu? ◆

☐ Gegen Ungleichgewicht: Stellen Sie sich vor, Sie beide stünden auf einer alten Kaufmannswaage: Je mehr der eine für die Partnerschaft auf seine Waagschale wirft, desto höher steigt der andere. Also müssen Sie einen guten Teil von Ihrem Einsatz wegnehmen und mehr für sich selbst tun. Leichter gesagt als getan, wo er gerade jetzt von da unten so groß und toll aussieht und Sie das Gefühl haben, nur er könnte Sie wieder hochziehen? Aber *er* wird Sie nicht retten. Das müssen Sie selbst tun. Alles, was – unabhängig von ihm! – dazu beiträgt, das eigene Ego aufzupäppeln, ist gut. Heulen Sie sich bei Freundinnen aus, verändern Sie Ihr Outfit, lassen Sie alte Hobbys wieder aufleben, gehen Sie auf Single-Partys oder mit alten Verehrern aus, suchen Sie Bestätigung im Beruf. Steigern Sie Ihr Selbstwertgefühl mittels Kapitel 2.

☐ Brechen Sie angesichts ein bisschen Distanz nicht gleich in Panik aus, lassen Sie ihm mehr Freiraum. Schrauben Sie, um der Beziehung willen, Ihr Bedürfnis nach Zuwendung etwas zurück. Das fällt schwer, wenn man dem Geliebten so viel wie möglich nahe sein will. Aber wenn Sie diesen Rat nicht beherzigen, verbringt er bald gar keine Zeit mehr mit Ihnen. Die beste Basis für eine lebendige Beziehung ist, wenn beide ihre eigenen Freiräume wahren. Indem Sie seine respektieren und Ihre eigenen abstecken, geben Sie ihm die Möglichkeit, wieder unbefangener auf Sie zuzukommen.

☐ Das hilft gegen Eifersucht: Sagen Sie sich, er ist ja mit mir zusammen! Irgendwas hält ihn ja! Reden Sie mit ihm, wie Sie gemeinsam wieder mehr Vertrauen aufbauen können (zum Beispiel, indem er über seine Alleingänge Bescheid gibt).

☐ Wenn er alles entscheidet: Ergreifen Sie öfter die Initiative, unternehmen Sie auch allein etwas. Stehen Sie nicht immer Gewehr bei Fuß, damit er merkt, dass er nicht über Sie verfügen kann. Dann wird er gemeinsame Unternehmungen auch eher mit Ihnen absprechen.

☐ Wenn er Sie respektlos behandelt: Zeigen Sie Ihre Grenzen. Sagen Sie: „Dein Verhalten verletzt mich." Und dann beschreiben Sie genau, was Sie verletzt, und bitten ihn, diese Dinge einzustellen. Sie können ihn auch fragen, warum er sich so verhält – ob irgendetwas anderes dahintersteckt.

◆ Übung

Versucht er systematisch, Sie kleinzukriegen? Beobachten Sie seine Taktiken und notieren Sie sie. Wenn genügend zusammengekommen ist, sprechen Sie ganz ruhig mit ihm darüber. Sagen Sie ihm, was Sie empfinden und dass er mit seinem Verhalten aufhören soll. ◆

☐ Lernen Sie, konstruktiv zu kritisieren und zu streiten. Und melden Sie Ihre Bedürfnisse an. (Mehr dazu in Kapitel 3, „Selbstbewusst reden".)

☐ Malen Sie sich kein Traumbild vom idealen Partner aus (und versuchen Sie nicht ihn zurechtzubiegen), sondern von der Liebe. Was macht Sie in einer Beziehung glücklich, was möchten Sie gemeinsam verwirklichen? Überlegen Sie sich konkrete Situationen und Ziele, und streben Sie diese an – am besten zu zweit.

☐ Manche Dinge wie Zuhören, kleine Aufmerksamkeiten, Zärtlichkeit kann man schlecht einklagen, weil sie auf freiwilliger Basis geschehen sollten. Sie wissen selbst, dass „Du bist gar nicht mehr zärtlich. Du hörst

wieder nicht zu. Du geizt mit Komplimenten" lauter Eigentore sind. Besser: Sobald er sich in Ihrem Sinne verhalten hat, bestärken Sie ihn darin: „Es freut mich, dass dich das interessiert/dass dir das Kleid gefällt", „Küssen mit dir macht immer noch Spaß", „Ich fand das schön, wie du mich gestern gestreichelt hast", „Das tut gut."

◆ **Übung**
Was sollte er öfter tun? Notieren Sie ein paar Dinge (vorerst höchstens fünf). Formulieren Sie sie positiv und möglichst konkret. Also nicht: „Du gehst zu wenig mit mir aus." Sondern: „Ich würde gern öfter mit dir ausgehen. Wir könnten am Samstag ins Kino und dann in eine Bar gehen." ◆

☐ Hören Sie auf für ihn mitzudenken. Und Gedankenleserin zu spielen. Bewerten Sie unliebsames Verhalten von ihm nicht automatisch als gegen Sie gerichtet. Denken Sie auch nicht gleich: „Ich habe was falsch gemacht", sondern „Er wird schon seine Gründe haben". Konzentrieren Sie sich lieber auf sich selbst, lenken Sie sich ab, dann steigern Sie sich weniger in fixe Ideen hinein.

☐ Verfallen Sie nicht der romantischen Utopie, dass ein Mann, der Sie liebt, Ihre Bedürfnisse errät. Beziehungsfrust-Gegenmittel: den Partner direkt nach seinen Wünschen fragen und die eigenen offen äußern. Manchmal noch besser: Statt darauf zu warten, dass er Ihren Wünschen nachkommt, entwickeln Sie Einfallsreichtum, wie Sie sie selbst erfüllen können.

☐ Wenn Sie und er auf völlig verschiedene Art an Dinge herangehen, so dass es immer wieder zu Missverständnissen kommt: Fragen Sie, was Ihr Verhalten bei ihm bewirkt und was er mit dem seinen ausdrücken will.

☐ Hören Sie auf Ihren Körper. Chronische Verspannungen, Kopfschmerzen, Schlappheit, ein „Knoten im Bauch", drastische Gewichtszu- oder -abnahme usw. können darauf hinweisen, dass dieser Mann nicht gut für Sie ist (Studien ergaben zum Beispiel, dass Lieblosigkeit oft zu Magenproblemen bis hin zu -geschwüren führt!). Der „Richtige" ist er, wenn Sie sich bei ihm geborgen, entspannt, zuversichtlich fühlen.

☐ Die Liebe ist ein Spiel: Experimentieren Sie! Erproben Sie verschiedene Verhaltensweisen (zum Beispiel die Wohnung verlassen, statt ihm was vorzuheulen, lachen statt schmollen, entspannen statt ihn bemuttern, ausgehen statt auf ihn warten …).

◆ **Übung**
Notieren Sie, welche Ängste bei Ihnen in Bezug auf die Liebe bestehen, und formulieren Sie sie um. Beispiel: „Ich werde nie jemand finden, der mich wirklich liebt." Neuformulierung: „Es gab bereits Männer, die mich geliebt haben. Da war ich nur nicht in der Lage, sie zurückzulieben. Irgendwann werde ich jemandem begegnen, wo die Liebe auf Gegenseitigkeit beruht." ◆

☐ Was auch immer Sie in der Beziehung tun: Das Wichtigste ist, dass Sie stets versuchen, Ihre Selbstachtung zu wahren.

■ Sich trennen oder nicht?

Manchmal führt kein Weg daran vorbei: an der Erkenntnis, dass die Liebe erloschen ist. Dass man einfach nicht zusammenpasst. Dass man völlig verschiedene Ansprüche ans Leben, an Partnerschaft hat. Aber kaum eine Frau, die über Jahre mit ihrem Partner zusammengewachsen ist, geht mal eben Zigaretten holen und kommt nicht wieder. Oder haut aus heiterem Himmel mit der Faust auf den Tisch: „Darling, es ist aus." Frauen, die Meister im Zusammenhalten von Beziehungskisten, wälzen vorher wochenlang die Argumente im Kopf hin und her. Versuchen, eine Entscheidung zu treffen.

Der falsche Mann kostet Frauen Energie, wertvolle Zeit, Lebensfreude, Würde und Selbstachtung. Warum kleben trotzdem so viele hartnäckig an einer Bindung, die sie nicht mehr glücklich macht? Ein Grund: weil sie gewohnt sind, alle emotionelle Verantwortung zu übernehmen. Sie verschließen die Augen davor, dass ihr Partner nicht das Gleiche will wie sie, sondern denken: „Wenn ich nur genug an der Beziehung arbeite, wird es schon werden." Die amerikanische Erfolgsautorin *Joyce Vedral* nennt in ihrem Buch „Wie Sie ihn wieder loswerden" den zweiten Hauptgrund: „Unsere Kultur redet uns ein, eine Frau sei ohne Mann unvollständig, sprich: eine Versagerin. Aus diesem Grund ziehen viele Frauen den falschen Schluss, irgendein Mann sei besser als gar keiner." Vor allem bei unsicheren Frauen sind auch Ängste mit im Spiel, bewusst oder unbewusst. „Die sind zum Großteil irrational, etwa: Ich kann nicht mehr allein leben. Oder: Ich krieg ohne ihn nichts mehr hin. Oder: Ich bin nicht mehr attraktiv, mich will doch eh keiner mehr", weiß Diplompsychologe *Roland Breinlinger*, Leiter der „Arbeitsgemeinschaft Partnerschaftskrise, Trennung und Scheidung" in Frankfurt.

„(Die Ängste) entstehen oft, wenn man im Laufe der Beziehungsjahre verlernt hat, Kontakte zu knüpfen, zu flirten." Da fällt es besonders schwer sich zu lösen, weil die Beziehung zur Grundlage der eigenen Sicherheit geworden ist. Aus Angst vor Veränderung, vor dem Ungewissen, vor noch tieferen Enttäuschungen hält man lieber am Vertrauten fest. Da weiß man wenigstens, was man hat.

„Solche Frauen haben keinen Zugang mehr zu sich selber: was brauche ich für mein persönliches Wohlbefinden", erkärt der Paartherapeut. Resultat: mangelndes Selbst-Bewusstsein – im wortwörtlichen Sinn. „Manchmal zermartern sie sich dann endlos in schlaflosen Nächten – wenn sie mit einem rationellen Ansatz an Dinge herangehen, die man eher mit dem Gefühl entscheiden sollte, wie Partnerschaftsfragen." Also nicht „Ich habe so viel in diese Beziehung investiert" zählt, sondern: „Wir haben keine Zukunft." Nicht: „Er kann mir was bieten", sondern „an seiner Seite fühle ich mich klein und unbedeutend." Nicht: „Wir sind schon so lange zusammen", sondern „Ich langweile mich mit ihm." *Joyce Vedral* rät als Richtlinie: „Der einzige Grund, weshalb Sie mit einem Mann zusammenleben sollten, ist, wenn er Ihr Leben bereichert."

■ Woran Sie merken, dass es nicht mehr geht

☐ Wenn Sie schon länger unglücklich in der Beziehung sind und man – ehrlich gesagt – nicht mehr von einer vorübergehenden Krise sprechen kann.

☐ Wenn sich alles in Ihrem Denken nur noch darum dreht, die Beziehung zu kitten.

☐ Wenn Sie keine Zärtlichkeit mehr füreinander empfinden.

☐ Wenn einer dem anderen dauernd ausweicht: Man meidet Augenkontakt, Gespräche, überhaupt wird das Zusammensein als belastend empfunden. Hinterher fühlt man sich oft ausgelaugt. Man flüchtet in Arbeit und Reisen.

☐ Wenn Sie partout nicht mehr miteinander reden können. Zum Beispiel er blockt: „Du hast Probleme, nicht ich."

☐ Wenn Sie keine gemeinsame Zukunftsperspektive mehr haben.

☐ Wenn Sie nur noch die negativen Seiten des anderen sehen. Und statt konstruktiver Kritik gibt's nur noch Ironie und bissige Sticheleien.

☐ Wenn einer den anderen nicht mehr respektiert, sondern dauernd versucht, ihn niederzumachen. Zum Beispiel mit unverhohlener Schadenfreude über seine Niederlagen oder mit öffentlichem Herziehen über seine Schwächen.

☐ Wenn er Sie misshandelt.

☐ Wenn er Sie mit seiner notorischen Untreue schwer verletzt.

◼ So erleichtern Sie sich die Entscheidung

☐ Mehr Gewissheit über die eigenen Gefühle kriegen Sie, wenn Sie das Problem jemandem erzählen. Paartherapeut *Breinlinger:* „Schon dadurch, dass man's strukturieren und in Worte fassen muss, wird vieles klarer."

◆ Übung
Schreiben Sie in getrennten Spalten alles auf, was für und was gegen die Beziehung spricht (eventuell zusätzlich: „Was ich gebe – was ich bekomme"). Ziehen Sie Bilanz. Danach folgt eine gesonderte Aufstellung, was Ihnen an einer Partnerschaft wirklich wichtig ist, und die vergleichen Sie anschließend mit Ihrer Liste. ◆

☐ Wenn Frauen sich nicht trennen können, obwohl es Not tut, liegt es sehr oft daran, dass sie ihr Leben um ihn herumgebaut haben, meint *Joyce Vedral:* „Sie haben kein wirkliches Lebensziel außer dem, ihre Beziehung aufrechtzuerhalten." Darum konzentrieren Sie sich wieder auf Ihre persönlichen Wünsche und Ziele, leiten Sie die ersten Schritte dazu ein.

☐ Fahren Sie ein paar Tage allein weg oder noch besser: eine Woche irgendwo in die Sonne. Ihr Kopf wird frei, der seelische Druck weicht, Sie bekommen buchstäblich mehr Abstand. Lassen Sie sich ruhig verwöhnen und von Männern umwerben: Haben Sie das vermisst?

◆ Übung
Verschaffen Sie sich einen Vorgeschmack aufs Single-Leben. Machen Sie sich besonders hübsch, gehen Sie mit Freundinnen aus oder auf eine Flirt-Party. Wenn Sie es schaffen, zu lächeln und sich zu öffnen, werden sich die Männer nach Ihnen umdrehen. (Tipps dazu auch im Kapitel „Souverän als Single", Seite 139 ff.) ◆

☐ Warum scheuen Sie die Trennung? Spielen Sie die möglichen Konsequenzen bis zum Ende durch, überlegen Sie sich Lösungsmöglichkeiten

für eventuelle Probleme bzw. Konflikte. (Beispiel: Angst vorm Alleinsein; Sie haben doch jede Menge netter Freunde und Kollegen!)

☐ Vielleicht wollen Sie es auch mit einer zeitweiligen Trennung versuchen, um die Beziehung aus der Distanz betrachten zu können und zu sehen, ob Sie ohne Ihren Partner besser klarkommen.

▨ Wenn Sie sich trennen: die wichtigsten Grundsätze

☐ Wählen Sie für die Aussprache einen neutralen Ort. Dann können Sie beide hinterher gehen bzw. landen nicht doch wieder im Bett. Vielleicht treffen Sie sich in einem Café – dort wird er sich hüten, Ihnen eine Szene zu machen.

☐ Reden Sie nicht lange drumherum, kommen Sie gleich zum Thema – sonst kriegen Sie vielleicht doch nicht die Kurve.

☐ Keine schmutzige Wäsche waschen! Er wird auf jeden Fall den Trennungsgrund wissen wollen. Unnötig, ihm jetzt seine mangelnde Sensibilität, seine Unordentlichkeit vorzuwerfen. „Wir passen eben nicht zusammen", „Wir kriegen unsere Probleme einfach nicht in den Griff" oder „Ich liebe dich nicht mehr" reicht.

> Nach der Trennung fühlen Sie sich wahrscheinlich erst einmal leer und unsicher. Aber bald werden Sie sehen, dass Ihr Leben nicht zu Ende ist, sondern Sie im Gegenteil aufblühen, Ihre Kraft wächst, und Sie erkennen, dass Sie auch noch andere schwierige Probleme bewältigen können.

☐ Machen Sie sich auf seine Wut gefasst. Abservierte Männer können sehr verletzend werden, manche sogar gewalttätig.

☐ Seien Sie konsequent. Schaffen Sie räumliche Distanz. Ziehen Sie sofort aus, wenn Sie zusammen wohnen. Treffen Sie sich vorerst nicht mit ihm, machen Sie's möglichst kurz, wenn Sie noch Sachen bei ihm haben.

▨ Gewalt in der Partnerschaft

Erschreckende Zahlen: Jede dritte Frau wurde mindestens einmal von ihrem Partner misshandelt, ergab eine aktuelle Studie des Kriminologischen Forschungsinstituts Niedersachsen. Gerade Frauen mit Kindern und/oder finanzieller Abhängigkeit fällt es schwer, sich zu trennen. Es erscheint ihnen unmachbar, sich allein (oder mit den Kindern) durchzuschlagen, vor allem, wenn sie keine richtige Ausbildung haben oder lange nicht mehr berufstätig waren. Hinzu kommt, dass das Ego durch den prügelnden Partner so geschrumpft ist, dass die Frauen sich überhaupt nichts mehr zutrauen. Nicht zu vergessen das Prinzip Hoffnung: Er gelobt ja immer wieder Besserung. Aber die Wahrscheinlichkeit, dass er sich tatsächlich ändert, ist äußerst gering. Ein gewalttätiger Mann zweifelt insgeheim an seiner Männlichkeit und untermauert sie deshalb durch Brutalität. Gleichzeitig gibt er seiner Partnerin das Gefühl, gebraucht zu werden, und daraus bezieht sie ihr bisschen Selbstwertgefühl. Sie glaubt, ihn retten zu müssen und unentbehrlich zu sein. Seine Schuldgefühle geben ihr zudem eine gewisse Macht. Oft bleibt die Frau auch, weil ihr die Konstellation „böser Mann, hilflose, duldsame Frau" aus ihrer Kindheit allzu vertraut ist.

Manchmal gelingt es erst durch eine Therapie, Frauen aus solchen fatalen Bindungen zu lösen. Zunächst einmal hilft aber meist nur ein radikaler Befreiungsschlag der Frau. Mein Rat: Geld beiseite legen, das Nötigste für die Flucht immer bereit halten und bei passender Gelegenheit verschwinden. Am besten in ein Frauenhaus (dort erhalten Sie auch Hilfe zum Start in ein neues Leben) oder in eine andere Stadt zu einer Freundin, deren Anschrift der Partner nicht hat. Er darf auf keinen Fall wissen, wo Sie sind!

Adressen von Frauenhäusern erfahren Sie über den *Weißen Ring* (bundesweites Notruf-Telefon: 01 80–3 34 34 34), über die *Zentrale Informationsstelle für autonome Frauenhäuser*, Effertsufer 104, 57072 Siegen, Tel. 02 71/335 62 62 (Achtung! Stelle ändert sich alle drei Jahre!), über die örtliche Polizei oder Telefonseelsorge.

Mutig beim Sex

Trotz aller Freizügigkeit: Sex ist immer noch eine sensible und heikle Materie. Erstens, weil er das Intimste ist, was man mit jemandem teilen kann; weil man sich nirgends in all seiner Nacktheit und Verletzlichkeit so preisgibt; weil Sex verwundbar macht. Zweitens geht man heute zwar relativ offen damit um – aber die Menschen, die uns in der Kindheit und Jugend geprägt haben, taten es vielleicht noch nicht. Zu ihrer Zeit haftete Sex etwas Peinliches, irgendwie Schmutziges an – etwas, das Frauen eher über sich ergehen lassen müssen. Bei allem modernen Bewusstsein: So etwas kann tief im Unterbewusstsein verankert sein und dem Lustgenuss immer wieder in die Quere kommen.

■ Heilige oder Hure?

Für viele Männer gibt es nur das eine oder das andere – und für einige Frauen leider auch. Und natürlich bevorzugen sie die Heiligen-Seite. Daher vermeiden sie alles, was irgendwie darauf hinweisen könnte, dass sie Lustgefühle haben, geschweige denn so etwas wie Sex. Beim Liebesspiel ergreifen sie nie die Initiative, äußern selten konkrete Wünsche und achten darauf, dass ja der Nachbar nichts hört. Sie tragen nie Kondome bei sich, denn das könnte ja aussehen, als hätten sie Verkehr geplant. Erotische Unterwäsche, Sexspielzeug oder -literatur besitzen sie nicht oder verstecken derlei sorgfältig.

> Viele Frauenzentren, Volkshochschulen, Pro-Familia-Stellen und Psychologen bieten Kurse und Therapien, die Frauen den gelöseteren Umgang mit ihrem Körper und ihrer Sexualität vermitteln. Keine Sorge – Ihre Kleider dürfen Sie dabei anbehalten. Und es gibt viele hilfreiche Bücher zum Thema.

Diese Frauen sind in einer solchen Atmosphäre der Prüderie aufgewachsen, dass sie ihre Sexualität nach außen oder sogar vor sich selbst verleugnen – einen der elementarsten menschlichen Triebe! Was kann daran abstoßend sein? Die Natur hat uns ebenso damit ausgestattet wie mit Hunger und Durst – ohne ihn gäbe es uns gar nicht. Gut, was es uns zusätzlich vermiest, sind schlechte Pornografie und die allgegenwärtige Darstellung der Frau als „billiges" Sexobjekt; aber es liegt an Ihnen, ob Sie das auf Ihre eigene Sexualität übertragen oder nicht.

Sie sind auch nicht „pervers" oder „vulgär", wenn Sie „schlimme" Fantasien haben – jede/r beherbergt da Dinge, die er/sie nie in die Tat umsetzen würde. Aber so etwas bereichert die Sinnlichkeit ungemein … (Tipp: Bücher von *Nancy Friday* zum Thema lesen.)

◆ **Übung 1:**
Haben auch Sie ein gespaltenes Verhältnis zum Sex? Machen Sie eine Reise in die Vergangenheit: Was haben Sie in Ihrer Kindheit über Sex gehört? Wie gingen Ihre Eltern, Ihre Bezugspersonen damit um? Hat Ihr „erstes Mal" oder ein Partner Sie negativ beeinflusst? ◆

◆ **Übung 2:**
Folgende Schritte helfen Ihnen dabei, dazu zu stehen, dass Sie ein sexuelles Wesen sind: Kondome und ein Sexmagazin (für Frauen) kaufen, Erotikvideos ausleihen, sich bei Reizwäsche beraten lassen, in einen Sexshop gehen (in Großstädten gibt's auch welche für Frauen) – Sie werden sehen, keiner guckt Sie schief an. Für die meisten Leute sind diese Dinge ganz normal. Außerdem, Sie wissen ja: Ist der Ruf erst ruiniert, lebt sich's völlig ungeniert … ◆

■ Körperscham

Sex bei Licht? Oh je! Da könnte er ja bei bestimmten Stellungen Ihre zellulitischen Schenkel sehen oder die Ringe um Ihren Bauch oder den dicken Hintern, und der Busen ist auch nicht mehr ganz straff … Dann denkt er sicher, oh Gott, sie sieht ja schrecklich aus, vielleicht sollte ich mir doch lieber was Knackigeres suchen … Blödsinn. Männer konzentrieren sich im Allgemeinen auf das Positive („Boah! Eine nackte Frau!"). Das tun Sie bei ihm doch auch, nicht? Oder läuft in Ihrem Kopf ein Film ab wie: „Mmh, schön, wie er mich streichelt, ja, jetzt kriege ich Lust auf ihn … allmählich kriegt er einen ganz schönen Bauchansatz … aah, das kribbelt bis zu den Zehenspitzen … oh Gott, diese Warze auf seinem Rücken ist ein echter Abturner …" Nein, nicht wahr? Zudem ist ein Mann da ohnehin viel direkter als wir: Wenn das Programm „Sex" erst einmal läuft, sieht er wie mit einem Filter nur noch das, was seiner Lust

dienlich ist. Es sei denn, Sie weisen ihn explizit auf Ihre Makel hin: „Ich hab bei Licht Hemmungen, weil ich zur Zeit so fett bin" oder „Stören dich die Dehnungsstreifen auf meinem Busen?" Na toll – wie soll da Erregung aufkommen, während Sie über Ihre Schönheitsfehler lamentieren?

> Scham kommt nicht von ungefähr. Sie soll verhindern, sich vor dem anderen bloßzustellen und verletzt zu werden – was vor allem bei neuen Liebhabern ein wohlbegründeter Schutzmechanismus sein kann. Aber eine Frau, die sich sogar vor dem langjährigen Partner schämt, sollte sich fragen, wovor sie Angst hat und wovor sie sich schützen möchte.

Manche Frauen wollen nicht mal im Dunkeln, dass ihr Lover sie an bestimmten Stellen anfasst, die mit Komplexen belegt sind – vorzugsweise Bauch (zu dick) und Busen (zu klein, zu groß, zu schlaff) –, oder an einer bestimmten Stelle mit der Zunge stimuliert (riecht komisch). Sie erstarren, sobald er in diese Richtung wandert. Dabei sind Männer da so simpel gepolt: Sagt ihnen eine Körperstelle nicht so zu, gehen sie einfach zu einer anderen über.

Gut, Sex im Dunkeln hat viel für sich, weil man sich besser aufs Fühlen (und auf seine Fantasien) konzentrieren kann, und gleißendes Licht hat für viele etwas Ernüchterndes – aber wer sich bei Beleuchtung kategorisch verweigert, beraubt sich so manchen schönen Liebesspiels.

◆ Übung
Munkeln Sie auch nur im Dunkeln? Dann versuchen Sie's zunächst mit einer Kerze. Stellen Sie sie auf den Schrank, dann ist es erst mal nicht so hell, und Licht von oben macht schöner als von unten. Beim zweiten Mal stellen Sie die Kerze näher heran oder nehmen zwei, und so weiter. Versuchen Sie, daran zu denken, dass die meisten Männer dankbar sind, eine nackte Frau vor sich zu haben, denn genau darauf haben sie seit ihren ersten Doktorspielen gewartet. Und befassen Sie sich mit Kapitel 2 „Alles eine Frage der Optik?" ◆

■ Was ist sexy?
Ich habe haufenweise Männer befragt, was sie an einer Frau in erotischer Hinsicht abturnt. Kein einziger sagte: Zellulite (die Mehrzahl weiß nicht mal, was das ist!). Nur ein einziger sagte: Fett (einen kleinen Bauchansatz und runde Formen finden sehr viele sogar wunderbar weiblich!).

Aber es gibt eine ganze Reihe Dinge, die die meisten gar nicht sexy finden: Haarspray-Betonfrisuren; starke Körperbehaarung, vor allem an Achseln, Beinen und Bikinizone; Slipeinlagen; Körpergeruch infolge mangelnder Hygiene und jegliches Ungepflegtsein (wie schlechte Zähne, unsaubere Kleidung); ausgeleierte oder hautfarbene Unterwäsche; fleischfarbene Strumpfhosen; Make-up, das man abspachteln könnte. Zum Glück sind das alles Dinge, die man ändern kann!

Apropos sexy: So manche Frau präsentiert ungern ihre Reize, weil sie sich dann fühlt wie ein „(Sex-)Objekt". Aber sie kann ihren Blickwinkel auch ändern: Weiblichkeit ist eine Macht! Dieses Bewusstsein erlaubt es ihr, ihre „Schlüsselreize" gezielt für ihre Zwecke einzusetzen und damit zu spielen (was Männer natürlich megasexy finden!). Schade, dass das so wenig Frauen nutzen. Im Gegenteil werden die paar, die's tun, von ihren Geschlechtsgenossinnen sogar oft noch angefeindet. Aber hinter der Moralapostel-Maske versteckt sich der blanke Neid.

■ Solo-Sex: Selbst ist die Frau

Für die meisten Sexualtherapeuten gilt heute das Selbsterkunden des Körpers und die Fähigkeit zur Selbstbefriedigung als Schlüssel zum erfüllten Liebesleben. Um dem Partner vermitteln zu können, was Sie in Ekstase bringt, müssen Sie es erst selbst genau wissen. Doch was Masturbation betrifft, scheuen sich auch heute noch zahlreiche Frauen, Hand an sich zu legen – Expertenschätzungen zufolge jede vierte. Dabei ist das die sicherste und entspannendste Art von Sex. Aber der spielerische und experimentierfreudige Umgang damit fällt den meisten von uns schwer, weil uns die Erziehung noch im Nacken sitzt: Das ist tabu oder pfui (das unausgesprochene „Hände weg" findet oft so früh statt, dass Sie es nicht mehr wissen – wenn Kleinkinder sich „da unten" anfassen, werden schnell und mit missbilligender Mimik die Händchen weggezogen), das tun nur Frauen, die keinen abbekommen haben, wer's zu oft macht, trägt Schäden davon … Unsinn. Sex mit sich selbst ist immer eine Bereicherung. Und wie sagte *Woody Allen* doch so treffend: „Masturbation ist Sex mit jemandem, den man liebt."

Die britische Orgasmusspezialistin *Rachel Swift* meint, frau *muss* sogar richtig masturbieren lernen. Denn so gewinnt sie mehr Kontrolle über ihre sexuellen Reaktionen und damit auch die Selbstsicherheit, loslassen zu können – Voraussetzung für genussvollen Sex und Orgasmen. Außerdem: Je mehr Sie Ihren Körper in Eigenregie darauf „trainieren",

Ihnen auch unter ungünstigeren Bedingungen Lust zu spenden, desto besser reagiert er auf die Stimulation eines anderen.

Fachkundige Anleitungen zur Selbsterforschung und -befriedigung gibt es vor allem in Büchern. Empfehlenswert: *Rachel Swift*, „Die Geschichte mit dem O – Wege zum weiblichen Orgasmus", *Betty Dodson*, „Sex for One".

◆ **Übung**
Genießen Sie den „Tag der Sinne" aus dem Kapitel „Alles eine Frage der Optik?" und gehen Sie, wenn Sie sich dann richtig „sinnlich" fühlen, auf Erkundungsreise über Ihren Körper. Berühren Sie sich mit den Händen und mit Dingen wie Seidentüchern, Federn, Eiswürfeln etc. Was fühlt sich gut an, was nicht? ◆

■ **Weibliche Lust ist anders – aber nicht schlechter!**

Würden Sie es zulassen, dass Ihr Partner Ihre komplette Garderobe aussucht? Dass er im Restaurant stets die Auswahl für Sie trifft? Bestimmt nicht. Aber im Bett rutschen Sie auf den Beifahrersitz und überlassen ihm das Steuer. Warum? Weil Frauen es gewöhnt sind, dass der Mann dort dominiert. Unsere komplette Sexualität ist immer noch männlich geprägt. Der ganze Rummel – Sexmagazine, Pornofilme, Erotikshows, Rotlichtbezirke – alles von Männern für Männer. Die Frauen darin sind meist dargestellt als billige, geistlose, sexbesessene Flittchen, mit denen wir uns auf keinen Fall identifizieren möchten. Leider denken etliche von uns an solche Mädels, wenn wir im Bett bestimmte Dinge tun, und verderben uns damit vieles, was eigentlich Spaß machen könnte.

Männer bestimmen, was Sex ist, nämlich vor allem: ein bisschen Streicheln, Geschlechtsverkehr, danach (wenn frau Glück hat) noch etwas Kuscheln, fertig. Aber Sexualität ist viel mehr! Sie ist Zärtlichkeit, Erregung, Erotik, Sinnlichkeit – eben die ganze Palette an Lustgefühlen. Verkehr ist nur ein kleiner Teil davon. Und seien wir doch mal ehrlich: Jede von uns hat da einige Wünsche offen.

◆ Werden Sie sich darüber klar, was Ihnen wirklich Lust macht und was Sie eigentlich abturnt. Wenn Sie einmal allein sind, nehmen Sie sich Zeit und entspannen Sie sich. Zuerst erinnern Sie sich an die letzten paar Male mit Ihrem Partner. Was hat Sie gestört, was angemacht? Ist was schief gelaufen? Warum? Gehen Sie Ihre sexuelle Vergangenheit durch. War es mit anderen Liebhabern zum Teil besser? Warum? Dann noch ein bisschen Tagträumen: Was fehlt Ihnen (zum Beispiel Berührungen, Streicheleinheiten, Massagen), wovon hätten Sie gern mehr (zum Beispiel Vorspiel oder Liebesspiel ohne Verkehr), was würden Sie gern mal ausprobieren? Schreiben Sie alles auf, gehen Sie eins nach dem anderen an (das Leichteste zuerst!) – und verstecken Sie die Liste gut. ◆

■ Egoismus im Bett

Manche Frauen sind die Rolle der Gebenden so gewöhnt, dass sie auch im Bett vor allem darauf achten, dass es dem Mann gefällt. Aber damit entfernen sie sich von ihrer eigenen Lust, bis sie sie irgendwann kaum noch wahrnehmen. Die meisten Frauen müssen, um beim Sex auf ihre Kosten zu kommen, mehr die Empfangende sein. Das liegt vor allem daran, dass die weibliche Libido störanfälliger ist. Wir brauchen in der Regel wesentlich mehr Stimulation, um das gleiche Erregungsniveau zu erreichen wie der Mann und überhaupt in Orgasmusnähe zu kommen. Jede Ablenkung unterbricht den Anstieg, zum Beispiel wenn wir uns verpflichtet fühlen, seine Liebkosungen zu erwidern, oder darüber nachdenken, ob wir ja auch nicht peinlich aussehen. Auch beim Verkehr selbst will so manche Frau ihrem Beau ein tolles Programm liefern und turnt hektisch herum, von Stellung zu Stellung. Männlicher Erregung tut das keinen Abbruch – der unseren meist schon.

Zudem hat der Mann beim Koitus fast immer seinen Höhepunkt. Nicht aber die Frau: Etwa drei von vieren verschafft der bloße Verkehr keinen Orgasmus. Und zirka jede Dritte erlebt auch durch anderweitige Bemühungen des Partners selten oder nie einen (das heißt nicht, dass die Betroffenen generell orgasmusunfähig wären: Per Masturbation gelingt der Gipfelsturm fast allen!).

Sie haben das Recht auf genauso viel Vergnügen wie er im Bett, also seien Sie ruhig egoistisch. Seien Sie gierig. Richten Sie beim Liebesspiel Ihre Aufmerksamkeit auf *Ihre* körperlichen Empfindungen, auf *Ihre* Lust und darauf, wie Sie sie noch vergrößern können. Teilen Sie ihm mit, was er dabei tun kann.

Für Männer ist der Orgasmus das Ziel ihrer sexuellen Aktivitäten; für uns nicht unbedingt. Manche Romeos denken, eine Frau könne bei entsprechender Bereitschaft und Hingabe ohne weiteres einen vaginalen

Orgasmus haben, denn die Scheide ist sozusagen ja das Gegenstück zum Penis; außerdem können sie immer eine Beispielfrau zitieren, bei der das so war (ich hatte schon drei solcher Typen!). Dabei ist schon seit Jahrzehnten wissenschaftlich bewiesen, dass die Klitoris unser Lustzentrum Nummer eins ist.

Obendrein verunsichert der ganze Sex-Zirkus, der uns immer stärker überrollt, so manche Frau. Sie denkt: „Da kann ich doch gar nicht mehr mithalten. Ich muss mehr bringen im Bett, sonst findet er mich langweilig. Ich hab nicht mal jedesmal einen Orgasmus. Irgendwas mache ich falsch." Lassen Sie sich nicht irre machen. Das einzige, was zählt, ist Ihr Spaß. Denn den soll Sex machen, nichts anderes. Bestimmen Sie die Gangrichtung. Sie sind weder unnormal, wenn Sie keinen Höhepunkt anstreben noch wenn Sie per Koitus keinen erreichen. Und falls Sie wissen, wie Ihr Partner/Lover Ihnen anderweitig einen schenken kann, dann tun Sie's kund. Männer sind keine Hellseher. Jede Frau ist unterschiedlich sensibel und hat andere Vorlieben. Also:

■ Sexuelle Bedürfnisse ausdrücken

Warum scheuen sich so viele Frauen, dem Partner im Bett zu sagen oder zu zeigen, wie sie's gern hätten? Es gibt dafür viele Gründe: Sein Nein wäre zu schmerzlich, ebenso eine blöde Bemerkung oder Ausgelachtwerden. Frauen haben Angst als schmutzig, sexgierig, kompliziert oder was auch immer zu erscheinen. Oder sie haben Angst, er könne die Anleitung missverstehen als „Du hast's bis jetzt nicht richtig gemacht". Sie wollen nicht „zu viel von ihm verlangen", befürchten, er könne sich von ihnen abwenden, weil es zu mühsam ist, sie zufrieden zu stellen. Vielleicht kennen Sie das: Sie haben schon einmal Andeutungen gemacht, Hinweise gegeben, aber Ihr Partner hat's falsch verstanden, hat's nicht richtig gemacht oder nach dem ersten Mal wieder vergessen, und jetzt trauen Sie sich nicht, das zu korrigieren – oder denken, er sträube sich eben dagegen. Vielleicht unterliegen Sie auch der romantischen Vorstellung, in der Liebe verstehe man sich wortlos („Wenn er mich liebt, spürt er, was ich will") – doch eben das tut man (meist) nicht. Und mit manchen Vorschlägen wagt man sich auf neues Terrain – und alles Unbekannte oder Unabsehbare macht erst mal Angst.

Wenn Sie ihm klarmachen, was Sie wollen, sind Sie zwar auch abhängig von seiner positiven Reaktion. Aber das ist viel besser, als davon abhängig zu sein, dass er irgendwann einmal per Zufall auf Ihre süßen

Geheimnisse stößt – oder gar nachfragt. Die Wahrscheinlichkeit der Frustration ist da nämlich zehnmal so hoch. Übernehmen Sie die Verantwortung für Ihr eigenes Vergnügen.

▣ So kommen Ihre Wünsche gut an

☐ Fragen Sie Ihren Partner ab und zu, wie er „es" haben möchte. Wenn Sie ihn spüren lassen, dass Sie sich gerne darin unterweisen lassen, wie Sie ihm mehr Freude im Bett verschaffen können, kommt er vielleicht auf die Idee, dass er da umgekehrt auch ein paar Wissenslücken hat.

☐ Hierzulande wird Sex mit einem solchen Bierernst behandelt, dass es keinen wundern muss, wenn der/die eine immer gleich tödlich beleidigt ist, sobald der/die andere nicht wunschgemäß (re)agiert. Machen Sie doch lieber ein Spiel daraus.
Etwa einen Rollentausch: Er spielt Sie, Sie ihn; oder: Sie demonstrieren an ihm, was Sie gern von ihm hätten, er an Ihnen. (Wobei da natürlich nicht alles machbar ist …) Verlängern Sie das Liebesspiel mit „Du darfst mich da und da anfassen, aber da nicht …", oder indem Sie sich nur ganz langsam ausziehen (lassen).

☐ Wenn Sie eine neue Praktik testen wollen: Erzählen Sie ihm davon, als hätten Sie davon geträumt oder irgendwo etwas darüber gehört, und beobachten Sie seine Reaktion. Ist er eher angenehm berührt als ablehnend, fragen Sie: „Was meinst du – wollen wir's auch mal versuchen?" Diese Methode eignet sich auch für „sexuelle Sonderwünsche".

☐ Stacheln Sie seinen Ehrgeiz an: „Eine Bekannte sagt, sie bekäme durch Oralsex den besten Orgasmus. Ich kann mir kaum vorstellen, dass das stimmt."

☐ Etliches können Sie wortlos mitteilen. Indem Sie seine Hand oder seinen Körper führen. Aber das wissen Sie ja selbst. Was ich Ihnen ans Herz legen möchte: Verzagen Sie nicht, wenn's nicht klappt. Viele Typen sind halt ein wenig begriffsstutzig. Versuchen Sie es noch mal mit deutlicheren Gesten, oder, noch besser: Reden Sie. Zum Beispiel: „Weißt du, worauf ich Lust hätte?", „Ich hab es gern, wenn du …", „Könnten wir mal Folgendes ausprobieren: …?"

☐ Unerwünschte Aktionen hauen Sie ihm nicht wie nasse Waschlappen um die Ohren („Nicht so heftig!", „Das mag ich nicht!!"), sondern äußern Ihre Ablehnung diplomatisch („Sanfter bitte", „Das da fühlt sich angenehmer an"). Erwähnen Sie weniger, was er abstellen soll, sondern eher, wie Sie's lieber hätten. Also nicht: „Du machst immer so schnell",

sondern: „Ich mag es total, wenn du ganz langsam machst." Umkleiden Sie Ihre Wünsche mit netten Dingen wie: „Es ist schön mit dir. Wenn du's *noch* schöner machen willst, dann …"

☐ Akzeptieren Sie auch mal einen Korb, ohne sich gleich persönlich abgewiesen zu fühlen – Sie erfüllen Ihrem Partner ja wahrscheinlich auch nicht jedes sexuelle Bedürfnis, und das hat nichts mit mangelnder Liebe zu tun.

☐ Damit es nicht nach Gebrauchsanweisung aussieht, sollten Sie manche Ihrer Wünsche vielleicht nicht mittendrin äußern und auch nicht danach, weil es sonst so klingen könnte wie: „Ich hätte lieber *das* gehabt". Melden Sie sie lieber in einer nichtsexuellen Situation an, am besten, wenn Sie sich mit Ihrem Partner sehr wohl fühlen – etwa nach einem schönen Essen.

☐ Führen Sie ein intensives Gespräch über Ihr Liebesleben – immerhin geht es Sie beide an. Und unausgesprochene Probleme können eine Beziehung kaputt machen. Ihre Ziele (etwa lockerer und entspannter beim Sex zu werden) können zu gemeinsamen Zielen werden, er unterstützt Sie sicher gern dabei.

☐ Erzählen Sie nie von den Bettqualitäten Ihrer Ex-Liebhaber.

■ Initiative ergreifen

Angst, beim Sex den Anfang zu machen? Ja, brave Mädchen tun so was nicht. Das war schon immer Männersache. Signalisieren Sie ihm bloß nie, dass Sie Lust auf ein Schäferstündchen haben – er wird Ihnen garantiert einen Korb geben, und Sie werden vor Verlegenheit einen Herzschlag mit sofortiger Todesfolge erleiden.

Scherz beiseite: Ich komme Ihnen jetzt nicht mit der Platitüde, dass Männer sich immer freuen, wenn Frauen die Initiative ergreifen. Immerhin: Nach einer Umfrage der Zeitschrift „Men's Health" von 1996 waren 84 Prozent der befragten Männer der Auffassung, Frauen sollten ihnen nicht allein den ersten Schritt beim Sex überlassen, sondern die Sache öfter selbst in die Hand nehmen.

Aber vielleicht ist ja ausgerechnet Ihr Partner ein Sexmuffel. Und Sie sagen sich: „Dass er mir einen speziellen Wunsch abschlägt, das könnte ich ja noch wegstecken. Aber eine komplette Abfuhr, nachdem ich ihm ein unzweideutiges Angebot gemacht habe? Das wäre zu bitter." In einem solchen Fall ist es besser, nicht mit der Tür ins Haus zu fallen à la „Baby, lass es uns treiben". Sondern ihn dazu zu kriegen, Sie zu wollen.

Zum Beispiel so:

☐ Verpassen Sie ihm eine Massage – zuerst nur eine harmlose Rückenmassage, die dann immer vorwitziger wird (etwa der Po ist bei vielen Männern eine sehr erogene Zone!).

☐ Ziehen Sie sexy Unterwäsche an, bitten Sie ihn um eine Massage.

☐ Baden oder duschen Sie und laden Sie ihn dazu ein.

☐ Legen Sie ein erotisches Video ein.

☐ Machen Sie eine Kissenschlacht, necken und kitzeln Sie ihn, rangeln Sie – mitten in der Hitze des Gefechts erwacht oft die Lust.

☐ Erotik lebt manchmal durch Distanz auf. Schaffen Sie etwas Abstand zum Partner durch Aktivitäten im Alleingang oder dadurch, dass Sie die „Fremde" spielen: durch Verkleiden, neues Outfit oder Verhalten – was immer Ihnen einfällt und behagt. Behandeln Sie ihn nicht als Kumpel, sondern als begehrenswerten Lover.

Die meisten Männer finden Frauen, die sich im Bett nehmen, was sie haben wollen, aufregend. Aber: „Wenn Sie sexuell selbstbewusster auftreten, dann kann (muss aber nicht!) das erst einmal zu einer leichten Störung in der Beziehung führen", weiß der Mannheimer Therapeut *Rolf Merkle*. „Es gibt nicht wenige Männer, die Angst vor sexuell selbstsicheren Frauen haben. Sie fühlen sich in ihrer Männlichkeit gekränkt, wenn eine Frau die Initiative ergreift. Männer sind gerne die Macher – auch im Bett. Möglicherweise schlägt es ihm erst einmal auch auf die Potenz … Er wird sich wieder fangen."

■ Nein sagen im Bett

Viele Frauen lassen sich zum Sex oder zu bestimmten Praktiken nötigen, obwohl sie keine Lust darauf haben, statt dem jeweiligen Lover Einhalt zu gebieten. Nur um IHN nicht vor den Kopf zu stoßen. Weil Männer doch irgendwie ein Recht auf Vollzug haben, oder? Weil sie befürchten, ER suche sich sonst eine andere (willigere). Weil sie ihn beeindrucken wollen („Ein Vollblutweib!"). Weil sie sich einreden lassen, der Triebstau bereite ihm höllische Schmerzen.

Wenn Sie Sex nicht um der Lust willen haben, sondern um etwas zu kriegen (seine Zuneigung, mehr Zärtlichkeit, Gegenleistungen in Form von Einladungen, Mithilfe im Haushalt etc.), werden Sie sich bald ausgenutzt fühlen, wenn dann zu wenig kommt. Wenn Sie mitmachen, weil Sie nicht nein sagen können, werden Sie Aggression gegen ihn aufbauen, weil er offensichtlich nicht merkt, dass Ihnen der Akt missfällt.

Mit ihm zu verkehren, ist nicht das Gleiche, wie ihm einen Gefallen zu tun, etwa seine Hemden zu bügeln. Opfer bringen, Kompromisse machen, nett und uneigennützig sein – meinetwegen. Aber bitte nicht in einem Punkt: im Bett. Denn Nummern, an denen man zähneknirschend teilnimmt, können einem die ganze Sexualität vermiesen. Es ist wie beim Essen: Was man sich ein-, zweimal mit Widerwillen einverleibt hat, macht einen so schnell nicht wieder an.

Wenn Ihnen also nicht danach ist, können Sie zweierlei tun: Entweder Sie machen ihm klar, was er tun kann, um Sie doch noch in Stimmung zu bringen. Oder, wenn es Ihnen rettungslos gegen den Strich geht, sagen Sie ihm: „Sei mir nicht böse, aber es geht heute einfach nicht." Sie brauchen sich weder zu rechtfertigen noch überrücksichtsvoll sein, selbst wenn er schon sein ganzes Vorspiel-Register gezogen hat. Vielleicht haben Sie eine Idee, was Sie sich stattdessen Gutes tun können.

Wenn Sie sehr oft keine Lust auf ihn haben: Versuchen Sie zu ergründen, warum das so ist. Fühlen Sie sich von ihm unter Druck gesetzt? Fehlt Ihnen etwas anderes, wie Streicheleinheiten, die nicht gleich in Sex ausarten, oder dass er Ihnen zuhört? Dann machen Sie ihm diesen Zusammenhang klar. Ohne Anklage. (Übrigens: Dass die Lust in längeren Beziehungen nachlässt, ist normal.)

■ „Da läuft nix mehr ..."

Sexuelle Verweigerung ist bisweilen das einzige Mittel einer Frau, die ihre Wut und Frustration über den Partner nicht anders auszudrücken vermag. Wut darüber, dass er nicht auf sie eingeht, sie gering schätzt. Wobei der Boykott vielfach nicht einmal ein aktiver Vorgang ist: Ihre Lust ist wie weggeblasen, da rührt sich kein Funken Erotik mehr. Das Bett ist oft der einzige Bereich, wo sie noch so etwas wie Macht ausspielen kann, weil sie ihre Triebe besser im Zaum halten kann oder diese vielleicht auch schwächer ausgeprägt sind. Im Bett kann sie den Spieß umdrehen: Du tust nichts für mich, also tue ich auch nichts für dich.

Aber geht es der Frau wirklich besser, wenn sie sich ihm verweigert? Denn meist beraubt sie sich so auch aller Zärtlichkeiten.

Mein Appell an Betroffene: Hinterfragen Sie, was hinter Ihrer Sperre steckt und ob Sie das, was Sie von ihm wollen, nicht auch auf andere Weise kriegen können als durch Verweigerung. Und dann reden Sie offen mit ihm. Nehmen Sie sich nicht auch noch die Freuden der Körperlichkeit, nur um Beziehungskonflikte im Bett auszutragen.

Souverän als Single

■ Ohne Partner nichts wert?

Es ist ein Trauerspiel: Immer noch gibt es massenweise Frauen, die sich ohne Partner unvollständig fühlen – und als „Beziehungs-Versagerin". Hinzu kommen Ängste: vor dem Alleinsein, vor einem selbstständigen Leben. Deswegen stolpern sie entweder blindlings von einer Beziehung in die andere (und werden selten dabei glücklich – versteht sich!). Oder betrachten ihr Singledasein als ein Höllenmartyrium und versinken in tiefe Resignation („Ich finde nie einen …").

Viele dieser Frauen definieren sich ihr Leben lang weniger über sich selbst als über ihre Beziehungen: als Tochter von X, Freundin oder Verlobte von Y, Frau von Z. Oft waren sie nie richtig allein: Sie hatten ihre Familie um sich oder einen Partner. Und in der Kindheit wurde ihnen unterschwellig mitgegeben, sie seien nur vollwertig mit einem Mann an ihrer Seite. Manche Frauen haben das so verinnerlicht, dass sie sich dessen nicht einmal bewusst sind.

◆ Übung

Testen Sie sich: Fühlen Sie sich unwohl, wenn Sie allein in einem Lokal sitzen? Befürchten Sie, alle könnten denken: a) „bestellt und nicht abgeholt", b) die hat keinen abbekommen, c) die ist auf Männersuche, scheint's nötig zu haben, d) die bietet sich ja geradezu an, ist Freiwild und leichte Beute? Würden Sie so etwas auch von einem Mann denken, der alleine dasitzt? Na also. Wir leben im Zeitalter der Gleichberechtigung – nehmen Sie sich dieselben Freiheiten heraus. Zudem stehen Sie als Solistin nicht allein da: Jede dritte Deutsche ist partnerlos! ◆

Jedenfalls sollten Sie sich nicht an den wenigen „Traumpärchen" messen, die Sie kennen (damit setzen Sie sich unnötig unter Druck). Und trauern Sie ja nicht alten Geschichten hinterher („Ich hätte es retten können …!") – seien Sie ehrlich: Gab es nicht einen guten Grund, dass Schluss war? Hätten Sie es wirklich für den Rest Ihres Lebens miteinander ausgehalten?

■ Lieber glücklich allein als unglücklich zu zwei'n

Als Singlefrau kennen Sie solche Sprüche wie: „Na, immer noch kein Mann?", in denen mitschwingt: Es bleibt einfach keiner bei ihr, also stimmt was nicht mit ihr. Männer kriegen so was zwar auch zu hören – aber sie werden nie so schief angesehen wie Frauen, wenn sie lange allein sind. So ein Dauersolist ist eben ein Abenteurer mit großem Freiheitsdrang; die weibliche Version gilt eher als beziehungsunfähig. Übernehmen Sie nicht die Wertung Ihrer Umgebung – machen Sie aus Ihrer bindungslosen Zeit das Beste. Betrachten Sie sie nicht als Tragödie, sondern als Chance – nämlich, sich auf sich selbst zu konzentrieren ohne den Einfluss eines Partners, für den Sie sich verbiegen müssen, um sein Wohlwollen zu erregen. Viele Frauen finden und entfalten erst dann, wenn sie den Alleingang wagen, ihre ganz eigene Identität oder manchmal sogar ihre eigene Sexualität, merken, wie kraftvoll sie sind, was alles in ihnen steckt. Aber das gelingt meist nur, wenn sie ihre Freizeit nicht nahtlos verplanen, um der Einsamkeit zu entfliehen, sondern die stillen Stunden dazu nutzen, in sich hineinzulauschen und sich besser kennen zu lernen.

◆ Übung

Jetzt wird es Zeit, sich als einzelnes Ganzes wahrzunehmen! Holen Sie alles nach, was Sie sich den/dem anderen zuliebe verkniffen haben: Gesangsunterricht, Karatekurs, ins Theater oder in die Disco gehen, in schrillen Klamotten herumlaufen, kitschige Filme ansehen, zu lauter Musik in der Wohnung herumtanzen … Sie können endlich tun und lassen, was Sie wollen. Ihre Wohnung nach Ihrem Geschmack einrichten. Essen, wann und was Sie möchten. Lernen, auf eigenen Füßen zu stehen. ◆

Es wirkt anziehend auf Männer, wenn sie mitbekommen, dass Sie auch gut mit sich allein zurechtkommen. Denn kaum etwas fürchtet ein Mann mehr als eine Partnerin, deren Wohlbefinden allein von ihm abhängt.

Natürlich gibt es auch Frauen, die beim Resümieren feststellen, dass sie in ihren Singlezeiten insgesamt glücklicher waren als mit einem Partner. Und deshalb – durchaus freiwillig und aus Überzeugung – den Entschluss fassen, allein zu bleiben. (Wussten Sie übrigens, dass verheiratete Frauen viel öfter an Depressionen leiden als ledige?)

■ Die krampfhafte Suche nach dem Traumprinzen

Fast zwanghaft checkt so manche Einsame jede neue Bekanntschaft darauf ab, ob er „Beziehungsmaterial" ist. „Ihr Problem wird auch noch durch den Zeitfaktor verschärft. Je länger sie keine Erfolge bei Männern hat, umso höher schraubt sie ihre Ansprüche", schreibt Erfolgsautorin *Barbara Schmidt* in ihrem Buch „Lieb mich, Baby". „Wer so lange gewartet hat, muss ihrer Auffassung nach schon mit einer ganz besonderen Trophäe aufwarten können, um zu zeigen, dass sich das Warten gelohnt hat. Ein normal-netter Mann würde in ihren Augen und denen ihrer Eltern ihr Versager-Image nicht abbauen können. Der Druck wird immer größer, das Ziel immer unerreichbarer." Letzteres nicht zuletzt deshalb, weil die Frau bei ihrer Partnersuche immer verkrampfter wird – und Männer spüren das. Dass sie sich um jeden Preis einen angeln will, macht sie unattraktiv, denn der Anvisierte fühlt sich austauschbar: Nimmt sie nicht mich, nimmt sie einen anderen.

Gegenmittel: sich streng verordnen, zwei bis vier Monate die Finger von Männern zu lassen, um sich in dieser Zeit nur um seine sonstigen Beziehungen (Familie, Freunde, Kollegen) zu kümmern. Noch besser: sich um neue Freundinnen statt um einen Kerl bemühen, mit ihnen Spaß haben. Und ergreifen Sie die Chance, sich im unverbindlichen Flirten zu üben. Dann stehen Ihnen so viele Möglichkeiten offen, dass Sie sich nicht auf den Erstbesten (meist Falschen) einlassen müssen.

■ Flirten

Da drüben steht er – der Mann, der Ihr Herz höher schlagen lässt. Was tun? Manche Frauen haben wenig Probleme, Kontakte zu knüpfen – doch ausgerechnet bei den Männern, die ihnen wirklich gefallen, werden sie stumm wie ein Fisch oder erstarren zur Salzsäule. Dabei ist die Abfuhr-Quote bei Frauen erfreulich gering: 91 Prozent haben beim Anbandeln Erfolg, während jeder zweite Mann einen Korb kassiert! Aggressive Vorgehensweise und übertriebene Gesten sind bei beiden Geschlechtern nicht gefragt. Auf Nummer sicher gehen Sie, wenn Sie zwar Geneigtheit signalisieren, dann aber ihm das Vorpreschen und Erobern überlassen. Geübte „Männerfängerinnen" checken zunächst per Blickkontakt ab, ob Interesse besteht, dann versenken Sie Ihre Augen einen Moment zu lang in seine, schauen kurz weg und wieder hin – und so weiter. Beim vierten oder fünften Gucken lächeln Sie – leise oder heiter, wie Sie wollen. Viele Frauen vergessen zu lächeln – aber Sie

vergeben sich ja nichts dabei! Zahlreiche Männer brauchen mehrere „Komm-schon-Signale". Auch gut: Ihm einen Blick rüberschicken, der besagt: Irgendwoher kenne ich dich – aber ich komme einfach nicht drauf …

◆ **Übung**

Bevor Sie zur Tat schreiten, begutachten Sie sich im Damenklo-Spiegel: Sitzt alles? Nichts zwischen den Zähnen? Ja, Sie sind in Bestform. Sagen Sie in Gedanken zu Ihrem Spiegelbild: „Ich bin interessant. Und vor allem: Ich bin eine Frau! Die Krone der Schöpfung!" Und gehen Sie nicht mit der Erwartung da raus, den Mann fürs Leben zu ergattern. Flirten Sie um des Flirts willen – ein toller Spaß! (Tipp für sehr Schüchterne: die „Blickkontakt"-Übungen aus dem Kapitel „Selbstbewusste Körpersprache", Seite 64/65.) ◆

Sie können auch etwas mitnehmen, was ihm einen Vorwand liefert, Sie anzusprechen. Etwa ein verpacktes Geschenk („Ja, ich habe heute Namenstag!"), einen Hund, ein Instrument, einen Fotoapparat, eine ausländische Zeitschrift, eine Fachzeitung, ein fremdsprachiges Buch, einen Porsche-Schlüsselanhänger. Plump? Nicht, wenn Sie sich gute oder witzige Ausreden zurechtlegen.

■ **Die Orte mit der höchsten Flirt-Rate**

In statistischer Reihenfolge: Discos, Bars, Partys, Kneipen, Schule, Uni, Arbeitsplatz, Urlaub, Fitness-Klub/Sportverein, Kurse (zum Beispiel Volkshochschule), Straße, beim Einkaufen, öffentliche Verkehrsmittel. Generell gilt, dass Sie sich strategisch günstig positionieren sollten. Also nicht am anderen Ende des Raumes, sondern in Blick-Reichweite des anvisierten „Opfers" oder direkt neben ihm.

Ganz wichtig: Wenn Sie's über sich bringen – gehen Sie solo aus!!! (Als Einstieg eventuell die Übung „Lokalrunde" von Seite 88 machen.) Ich spreche aus Erfahrung. Ich kenne ungeheuer viele Männer, und das verdanke ich der Tatsache, dass ich kein Problem damit habe, mich allein in Bars, Klubs, Discos auf Partys usw. zu tummeln. Männer sprechen Frauen hundertmal eher an, wenn sie nicht im Windschatten ihrer Freundin auftauchen oder gar mit der Clique. Niemand drängt sich gern zwischen ein Duo oder in eine Gruppe, keiner hat gern Zeugen, wenn er dummes Zeug stammelt oder abblitzt. Das Ausgehen mit der

Freundin hat noch weitere Nachteile: Entweder sie schnappt Ihnen alle Typen vor der Nase weg. Oder sie spielt den Drachen, sodass sich keiner rantraut. Oder sie quatscht Sie so voll, dass Sie gar nicht zum Flirten kommen.

■ … und angreifen

Inzwischen haben Sie mit Ihrem Auserwählten zahlreiche Blicke getauscht, mehrmals gelächelt – aber er kommt einfach nicht rüber. Dann müssen Sie angreifen. Manche Männer sind nämlich froh, wenn Frauen ihnen den leidigen ersten Schritt abnehmen. Wenn Sie sich das aus Angst vor einem Korb nicht trauen, werden Sie nie erfahren, ob Sie wirklich einen bekommen hätten. Betrachten Sie's als Mutprobe.

◆ Einstiegsübung

Wenn Sie jemanden öfter sehen, etwa in der Firma, nicken Sie ihm einfach lächelnd zu. Das nächste Mal wird er „Hallo" sagen, und so weiter … Auch einen völlig Unbekannten können Sie grüßen, als würden Sie sich schon kennen – es steht ihm dann offen, Sie anzusprechen: „Kennen wir uns?" (Hilfreich zur Vorbereitung: die „Kontaktaufnahme"-Übungen von Seite 96) ◆

Männer mögen es, wenn Frauen um ihre Hilfe bitten. Egal, was: Fragen Sie nach Feuer, Uhrzeit, dem Weg. Lassen Sie vor seinen Füßen etwas fallen (altmodisch, aber funktioniert!). Auf einer Party können Sie fragen, wo Sie Ihren Mantel aufhängen können, wo es noch Mineralwasser gibt, ob er den Gastgeber kennt, ob er den Nudelsalat gemacht hat …

Gewagtere Taktiken: ihm in einer Bar oder Kneipe durch den Ober einen Drink zukommen lassen – Männer finden diese Art von emanzipierter Geste klasse. In der Disco: „Wollen wir noch ein Weilchen Blicke tauschen oder jetzt auch mal Vornamen?" Das birgt natürlich eine höhere „Korb-Gefahr", aber

> Abgeblitzt? Denken Sie jetzt bloß nicht, Sie seien eben nicht schön/interessant/witzig genug. Bestimmt ist er besetzt, frisch verliebt oder schwul. In selteneren Fällen sind Sie eben einfach nicht sein Typ. Sie stehen ja auch nicht auf jeden, oder?

einen Kerl, der Ihnen auf so erfrischende Anmachen eine Abfuhr erteilt, wollen Sie doch sowieso nicht, oder? Andere Strategie: ihn anrempeln

oder ihm auf den Fuß treten und sich dann überschwänglich entschuldigen: „Wie kann ich das je wieder gutmachen?"

Zum Anbandeln braucht's Übung. Wenn es beim ersten Mal nicht wunschgemäß verläuft, sind Sie vielleicht noch zu verkrampft. Gestatten Sie sich ein paar weitere Anläufe. Lockerer im Umgang mit Männern werden Sie, wenn Sie sich mehrere platonische Freunde „zulegen" (vielleicht haben Sie ja schon einige) und viel mit ihnen unternehmen.

◆ Übung

Üben Sie an Kandidaten, auf die Sie nicht wirklich stehen – bei denen es egal ist, wenn Ihr Vorstoß erfolglos verläuft. (Bleibt so einer an Ihnen kleben, sagen Sie so was wie: „Mir scheint, wir sind nicht auf einer Wellenlänge.") Oder Sie suchen sich Versuchsobjekte aus, die Sie im Falle einer Abfuhr sowieso nie wiedersehen würden – etwa in der U-Bahn oder auf Reisen. ◆

■ Flirten mittels Körpersprache

Eine meiner Schwestern beklagte sich neulich, sie würde nie einer ansprechen. Kein Wunder – sie steht unbeweglich herum mit verschränkten Armen und einem Gesichtsausdruck, der sagt: „Ich weiß genau, dass ich heute wieder keinen kennen lerne!" Besser wäre es, sie würde sich körperlich öffnen, ein bisschen herumlaufen, dabei „Fleischbeschau" machen und denken: „Hey Jungs, kommt ruhig her! Ich beiße nicht!" Egal, ob Sie schon die ersten Worte gewechselt haben oder nicht – diese Gesten ziehen ihn auf Ihre Seite: Hals und Schulter präsentieren (zum Beispiel durch Hochnehmen der Haare, schulterfreie Kleidung, Kopf leicht zur Seite neigen). Es signalisiert: „Beiß mich" – sprich: Ich bin bereit, mich erobern zu lassen. Wirkt frech: Eine Augenbraue heben, Haar zurückwerfen (bitte nicht zu oft). Offene Handflächen bedeuten, dass man nichts zu verbergen hat. Wer mit seinen Haaren spielt oder sich selbst berührt, vermittelt und erweckt Zärtlichkeit. Achten Sie darauf, dass im Sitzen und Stehen Ihre Fußspitzen zu ihm hinzeigen (Geneigtheit).

Und immer wieder: aufrechte Haltung! Lassen Sie Ihren Busen vorangehen, statt ihn unter vorgeschobenen Schultern einzuziehen, und recken Sie keck Ihr Kinn!

Allerdings: „Ungünstig ist generell jedes Verhalten, das aufgesetzt wirkt oder imitiert wird", sagte die Münchner Flirt-Forscherin *Dr. Christiane*

Tramitz in einem *freundin*-Interview. „Dagegen schadet es beim Flirten keineswegs, rot zu werden oder verlegen zu lächeln." Im Gegenteil – das macht sympathisch!

■ Er hat angebissen ...

☐ ... Hat er wirklich? Sind seine Pupillen geweitet, wenn er Sie ansieht, strahlen die Augen? Beobachten Sie seine Körpersprache: Ist er Ihnen zugewandt, ahmt er zum Teil Ihre Gesten nach? Oder steht er steif da, macht körperlich „dicht"?

☐ Im Gespräch: Lassen Sie ihn reden, stellen Sie ihm viele Fragen, plaudern Sie nicht zu viel von sich aus, tragen Sie ihr Herz nicht auf der Zunge. Schmeicheln Sie ihm – Männer lieben Komplimente, weil sie normalerweise wenige bekommen. Erwähnen Sie weder Ihren Ex, Ihre psychischen Probleme, Krankheiten, Schwächen noch Ihr „Pech" mit Männern. Verkneifen Sie sich, ihn auf seine Beziehungstauglichkeit abzuklopfen, und alle sonstigen Erwartungen. Genießen Sie seine Gesellschaft, lachen Sie – aber bitte nicht auf seine Kosten. (Weitere Tipps unter „Gespräche anknüpfen und in Gang halten", Seite 97 f.)

☐ Flirten Sie mittels Körpersprache (siehe oben).

☐ Machen Sie's ihm nicht zu leicht, sonst verlieren Sie an Reiz für ihn. Wenden Sie sich zwischendurch auch anderen Leuten zu. Legen Sie sich nicht gleich aufs nächste Treffen fest – lassen Sie's offen. Fragt er nach Ihrer Telefonnummer, bitten Sie stattdessen um seine (das verleiht einen Hauch von Geheimnis, und Sie müssen nicht tagelang das Telefon umschleichen!).

☐ Räumen Sie möglichst vor ihm das Feld – das wirkt besser, als wenn er Sie stehen lässt. Während der Unterhaltung haben Sie sich schon einen Aufhänger zurechtgelegt, wie Sie unverfänglich an seine Telefonnummer kommen. Vielleicht hat er handwerkliche Fähigkeiten, Computer- oder Finanzkenntnisse und könnte Ihnen bei irgendwas helfen bzw. Ihnen jemand empfehlen. Zum Abschied sagen Sie dann so was wie: „Tja, schade, ich muss los. Ach ja, bevor ich's vergesse: Gibst du mir noch schnell deine Nummer wegen ..."

■ Männerfang per Annonce

Für mich ist die Kontaktanzeige eines der herrlichsten Spiele im Kennenlern-Karussell. Auf eine zu antworten, endet zwar meist als Flop, weil sich hinter ein paar netten Zeilen selten ein Knaller verbirgt

145

(unglaublich, was sich da zum Beispiel alles als „attraktiv" bezeichnet!). Aber selbst eine Anzeige aufgeben: Toll! Wenn Sie's unter Chiffre machen, haben Sie ja nichts zu verlieren außer ein paar Mark. Ihre Anonymität bleibt gewahrt, nur die Redaktion hat Ihre Adresse und schickt Ihnen die Briefe zu, die unter Ihrer Kennzahl eingehen.

Inserieren Sie möglichst in einem Stadtmagazin. So was liegt mindestens eine Woche im Haushalt herum – im Gegensatz zu Tageszeitung oder Anzeigenblatt, die oft schon nach einem Tag im Altpapier landen. Und es kostet nicht viel. Überregionale Blätter lohnen sich nicht.

Im Allgemeinen annoncieren mehr Männer als Frauen. Frauen bekommen im Durchschnitt auch fast doppelt so viele Antworten wie Männer.

> Eine Umfrage ergab, dass jede achte Kontaktanzeige zu einer Beziehung führt – und weitere 23 Prozent zu dauerhaften Freundschaften.

Deswegen kommt es nicht allzu sehr darauf an, dass Sie witzig texten. Meiner Erfahrung nach kriegen Sie mehr Zuschriften, wenn Sie viel von sich erzählen, und weniger, wenn Sie schreiben, was für einen Typen Sie suchen (aber dann ist der „Qualitätsdurchschnitt" meist besser). Am besten ist die gemischte Version: Nennen Sie die Punkte, die prägend für Ihr Äußeres und Ihre Persönlichkeit sind, und das, was Ihnen an ihm am wichtigsten ist. Stellen Sie dabei Ihr Licht nicht unter den Scheffel! Rücken Sie Ihre Vorzüge in den Vordergrund, und seien Sie dabei großzügig sich selbst gegenüber – das tun die anderen auch.

Vermerken Sie auf jeden Fall: Bitte mit Foto! Das verrät Ihnen mehr als der ausführlichste Brief. Denn was nützen Ihnen die ansprechendsten Worte, wenn Sie auf dem Absatz kehrt machen wollen, sobald Sie seiner ansichtig werden. So aber können Sie sich ganz gemütlich hinsetzen, sich über dutzende bebilderter Zuschriften amüsieren und die interessantesten auswählen.

Die erste Kontaktaufnahme erfolgt dann übers Telefon. Versuchen Sie schon da herauszubekommen, ob er Ihr „Typ" ist: Fragen Sie ihn, wie er aussieht (falls er kein Foto beigelegt hat), welchen Stil, welche Vorlieben er hat, was ihm wichtig ist an einer Frau. Vertrauen Sie Ihrem Gefühl und lassen Sie die Finger von dem Kerl, wenn Ihnen etwas unsympathisch ist, etwa seine Stimme; beenden Sie das Telefonat mit einem freundlichen „Ich melde mich vielleicht noch mal" oder Ähnlichem.

Selbstbewusstsein im Beruf

Erfolg und Zufriedenheit im Job

Im Privatleben mag sich ein Mensch mit geringem Selbstbewusstsein noch leidlich durchwursteln. In der Berufswelt kommt man damit unter die Räder – oder gar nicht erst zum Zuge: Sie funktioniert nun mal größtenteils nach den Regeln der Wirtschaftlichkeit und des Wettbewerbs. Wenn Sie nach dem traditionellen Rollenbild erzogen wurden, haben Sie es im Job vermutlich schwer: Sind Sie nachgiebig, eher passiv-abwartend und unselbstständig, trauen Sie sich kaum den Mund aufzumachen oder sich durchzusetzen, mag das manchen Kollegen oder Vorgesetzten zwar gelegen kommen – aber *Sie* werden höchstwahrscheinlich keine besondere Freude an der Arbeit haben. Doch dagegen lässt sich eine Menge tun – packen Sie's an!

■ Entspricht Ihr Beruf Ihren eigenen Wünschen?

Der erste Schritt: Wählen Sie einen Job, der Ihre Fähigkeiten und Sehnsüchte vereint, und stehen Sie mit Ihrer ganzen Person dahinter – das ist schon mal eine gute Voraussetzung für Erfolg und Zufriedenheit. Ich selber habe Jahre meines Lebens im falschen Beruf verschwendet. Nach dem Abitur wurde ich Modemacherin, hatte schließlich mein eigenes kleines Atelier und guten Erfolg damit. Aber ich wurde immer unzufriedener und kranker. Zum Glück hatte ich eine kluge Ärztin, die es irgendwann leid war, dass ich immer wieder mit Schlafstörungen, Magen-Darm-Problemen, Rücken- und Kopfschmerzen zu ihr kam. Sie sagte: „Nehmen Sie sich einen halben Tag Zeit und schreiben Sie mir einen ausführlichen Brief. Über sich selbst, Ihre Sorgen und Probleme, über Ihre Familie." Die Kernsätze in diesem Brief waren: „Ich zermartere mir jede Nacht den Kopf, ob ich diesen Beruf mein Leben lang machen will" und „Meine Mutter ist stolz auf mich, aber ich bin unglücklich". Ich erkannte auf einmal, dass ich dem Traumberuf meiner Mutter nachjagte! Sie war eine begnadete Schneiderin und sehr kreativ, wurde aber zwischen ihrer Arbeit als Mutter von fünf Kindern und ihrem Nebenjob als Buchhalterin so aufgerieben, dass sie ihren Wunsch nicht verwirklichen konnte. Natürlich sagte sie nie: „Da ich keine Modemacherin werden kann, musst du das für mich übernehmen."

Aber das ist genau das, was ich unterbewusst wohl aus ihren Ermunterungen herausinterpretierte. Diese Erkenntnis veranlasste mich zu dem Schritt, alles umzuwerfen: Ich fing ein journalistisches Studium an. Kunden, Freunde und Familie redeten auf mich ein: „Du hast dir doch alles so schwer erarbeitet! Wie kannst du das aufgeben? Bei dem Erfolg!" Aber ich habe es bis heute keine Minute lang bereut.

Ergo: Streben Sie nicht nach dem, was Ihren Vermutungen nach andere von Ihnen erwarten, sondern danach, was Ihnen persönlich liegt. Sammeln Sie möglichst viele Informationen, befragen Sie Menschen, die in Ihren Wunschberufen tätig sind. Außerdem: Es gibt nicht nur den „einzig richtigen" Job – jeder Mensch besitzt Fähigkeiten und Talente für mehrere Berufe. Verbeißen Sie sich also nicht!

■ Sich-nichts-Zutrauen & Zaghaftigkeit

Falls Sie in diese Kategorie fallen, werden Sie selten das kriegen, was Sie haben wollen. Möglicherweise haben Sie gar keine Arbeit oder eine, mit der Sie unzufrieden sind, zu der Sie sich täglich zwingen müssen. Dauerfrust aber führt zur inneren Kündigung. *Sabine Hertwig*, Geschäftsführerin des Berliner „Büros für Berufsstrategie", rät all jenen: „Gehen Sie systematisch vor. Zuerst die Standortbestimmung: Was habe ich gelernt, was habe ich bis jetzt gemacht, was kann ich? Entspricht das, was ich momentan mache, meinen Fähigkeiten? Dann: Was reizt mich, wo will ich hin? Wie komme ich da hin, was muss ich dafür tun?"

Stellen Sie ein Programm auf: kleine Schritte, die erreichbar sind, die Sie in Richtung Ihres Zieles bringen (lesen Sie dazu auch die Kapitel „Vom Umgang mit Stärken und Schwächen" und „Die eigenen Bedürfnisse erforschen"). Und mit jedem bewältigten Schritt wächst das Selbstvertrauen.

Für *Bewerbungen* rät *Sabine Hertwig* Zaghaften: „Tun Sie's nicht allein – es hilft ungemein, wenn Sie sich Verbündete suchen: Freunde, Familienmitglieder, Bewerbungsbüros. Betrauen Sie jemanden ‚offiziell' mit dieser Aufgabe – jemand, der den Prozess begleitet, der Sie auch mal ermahnt." Lassen Sie sich von Absagen nicht entmutigen – versuchen Sie's immer wieder. Es gibt ausgezeichnete Bücher zum Thema „Richtig bewerben" – nutzen Sie sie. Stellen Sie sich – nur zur Übung – bei Firmen vor, wo Sie gar nicht arbeiten wollen. Erzählen Sie allen Leuten, dass Sie eine Stelle suchen, fragen Sie herum, lesen Sie Anzeigen – auch in Fachblättern.

■ Abwarten und Tee trinken?

„Viele Frauen halten Passivität für besonders weiblich und daher für attraktiv", schreibt *Janice LaRouche,* US-Karriereberaterin, in ihrem Buch „Erfolgreich und zufrieden". „Auch wenn sie etwas erreichen möchten, machen sie nicht den ersten Schritt, den ersten Anruf, das erste Angebot. Ihre Abneigung gegen alles, was aggressiv wirken könnte, lähmt sie geradezu – auch im Beruf, wo für jede Kleinigkeit oft viel Schwung nötig ist."

Frauen warten oft ab, verpassen viele Chancen – vor allem die, zu zeigen, was in ihnen steckt. Folge: Man unterschätzt sie, gibt ihnen keine interessante Arbeit, bezahlt ihnen zu wenig.

Abhilfe, falls das auf Sie zutrifft: Ergreifen Sie jede Gelegenheit, Entscheidungen zu treffen und Verantwortung zu übernehmen. Vertrauen Sie auf Ihr eigenes Urteilsvermögen. Fragen Sie nicht ständig nach, ob Sie etwas dürfen oder sollten, sondern kündigen Sie an: „Ich möchte/ich habe vor/ich habe beschlossen …" Rufen Sie „hier", wenn anspruchsvollere Aufgaben verteilt werden. Zeigen Sie, dass Sie Probleme auch allein lösen können. Suchen Sie nach Arbeiten, die Sie selbstständig erledigen, wo Sie vielleicht sogar eigene Ideen einbringen können. Demonstrieren Sie Interesse an Ihrem Job, bringen Sie sich ein, denken Sie auch mal über außergewöhnliche Lösungen nach.

■ Selbstsabotage

Mit diesem Begriff ist gemeint, dass man sich selbst immer wieder ein Bein stellt. Seinen eigenen Erfolg boykottiert, indem man systematisch „zufällig" Dinge vermasselt, verschlampt, zu lange aufschiebt, unzuverlässig, unpünktlich oder schusselig ist usw. Nur die Symptome zu kurieren, das hilft nicht viel. Sie müssen dieses selbstschädigende Verhalten an der Wurzel packen und versuchen, diese zu kurieren. Mögliche (Hinter-)Gründe für Selbstsabotage:

1. Es ist Ihr unbewusster Rachefeldzug gegen ein grässliches Betriebsklima oder miese Vorgesetzte. Da Sie sich nicht trauen, sich offen zu wehren, wischen Sie ihnen so eins aus (*glauben* Sie im Innersten zumindest).

2. Sie bestätigen sich damit Ihre Selbst-Vorurteile: dass Sie eine Versagerin sind, dass Sie's nie weit bringen werden.

3. Erfolg verpflichtet. Ihr Unterbewusstsein denkt: Sobald ich einmal Erfolg gehabt habe, muss ich immer auf diesem Leistungsniveau bleiben, und das schaffe ich nicht. (Mehr über Versagensängste siehe unten.)

4. Erfolg macht unbeliebt – glauben Sie. Und Sie wollen keine Neider und Rivalen. Sie wollen, dass man Sie gern hat. Frauen scheuen den Wettbewerb: entweder weil sie niemand gegen sich aufbringen wollen oder weil sie sich selbst nichts zutrauen und Angst haben, die Verliererin zu sein. *Janice LaRouche* dazu: „Um Konkurrenzsituationen ertragen zu können, müssen Frauen lernen, Sieg und Niederlage weniger wichtig zu nehmen. Konkurrenz heißt eigenlich ‚mitmachen‘, Fähigkeiten üben … Einen Gewinn gibt es dabei in jedem Fall: die eigene Weiterentwicklung."

■ Zugegeben: Frauen haben's schwerer im Beruf

Auch heute noch. Wirklich? „Definitiv", bestätigt *Sabine Hertwig.* „In den oberen Positionen sitzen überwiegend Männer. Die meisten von ihnen wollen, dass es so bleibt, und verhindern mit subtilen Mechanismen, dass Frauen zu sehr aufrücken oder sich sogar als besser herausstellen. Das machen sie zum Teil mit herabsetzenden Bemerkungen oder herablassendem Verhalten, zum Teil über Kungeleien und Machenschaften."

Die üblichen Vorurteile gegen Frauen im Berufsleben: „nicht hart genug", „zu gefühlsbetont", „nicht sachlich genug", „zu wenig ehrgeizig", „zu unprofessionell" … In Amerika ist man schon weiter als bei uns; dort hat man erkannt, wie wichtig in der Geschäftswelt auch „typisch weibliche" Eigenschaften wie Gemeinschaftsgefühl, Kooperations- und Einfühlungsvermögen sind, und dafür die Schlagworte „Emotionale Intelligenz" und „Soziale Kompetenz" geprägt. Inzwischen gibt es sogar dementsprechend ausgerichtete Einstellungs-

> **Jede Menge Probleme im Beruf? Sehen Sie sich Kapitel 3, „Sicher auftreten", an und übertragen Sie es auf Ihr Berufsleben – gehen Sie Ihre Hindernisse Schritt für Schritt an!**
> **Suchen Sie sich eine Verbündete – eine Kollegin, die schon länger im Betrieb ist und der Sie vertrauen. Haben Sie berufliche Sorgen, besprechen Sie sie zuerst mit ihr und eventuell noch mit einer außenstehenden Freundin.**

tests, die entscheiden, ob Bewerber es schaffen oder nicht. 40 Prozent der Führungspositionen in den USA sind von Frauen besetzt – in Deutschland sind es gerade mal acht! Bei uns muss eine Frau immer noch 150-prozentigen Einsatz zeigen, um die gleiche Anerkennung wie ein Mann zu bekommen, es sei denn, sie verkauft sich sehr geschickt und selbstbewusst. Jedenfalls wird die Arbeit von Frauen immer noch als „weniger wert" betrachtet (was sich unter anderem darin äußert, dass wir weniger beachtet werden und im Durchschnitt eine ganze Ecke weniger verdienen als Männer in den gleichen Positionen). Die Folge:

■ Der weibliche Perfektionszwang

Dazu die Kommunikationstrainerin *Hertwig:* „Der Zwang, alles perfekt machen zu wollen, hat sich bei vielen Frauen über Jahrzehnte so eingeschliffen, dass sie sich das erst einmal bewusst machen müssen." Die Anzeichen für Perfektionismus: Dauerstress, Sichverzetteln, das ständige Gefühl, unter Druck zu stehen, man wird nicht pünktlich fertig oder muss viele, viele Überstunden einlegen, um alles zu schaffen, man will alles selber machen, statt zu delegieren.

Der erste Schritt: Vergleichen Sie, was männliche Kollegen mit ähnlichen Aufgabengebieten leisten, und überlegen Sie, ob Sie Ihr Arbeitspensum auf dieses Niveau herunterschrauben können. Fragen Sie sich bei jeder Aufgabe, ob sie größeren Aufwand wert ist. Und überlegen Sie sich die Konsequenzen, wenn Sie weniger perfektionistisch wären. Was ist das Schlimmste, das passieren kann? Könnten Sie die Folgen unter Umständen hinnehmen?

Schreiben Sie auf: „Wenn ich die vorliegende Aufgabe nicht absolut perfekt erledige, passiert Folgendes: …" Na – bricht dann alles zusammen? Wahrscheinlich nicht.

Mein Privatrezept gegen Perfektionismus: Als ich erstmals als Co-Autorin an einem Buch mitschrieb, rief ich irgendwann verzweifelt die Herausgeberin an: „Ich schaffe es nicht – es sind so viele Aspekte, ich weiß gar nicht, wie ich die alle unterkriegen soll! Und bestimmt habe ich dann sogar noch welche vergessen!" Sie beruhigte mich: „Kein Mensch kann alles wissen und alles berücksichtigen. Hab Mut zur Lücke!" Stimmt eigentlich, dachte ich: Die Wahrscheinlichkeit, dass jemand mir ankreiden würde, ich hätte das und das vergessen, war nämlich äußerst gering. Bemühen auch Sie sich, Ihr Bestes zu geben – aber haben Sie Mut zur Lücke!

Das hilft gegen Perfektionszwang:

☐ Stellen Sie einen Plan auf, welche Arbeiten Sie weniger sorgfältig erledigen und welche Sie an andere abgeben können.

☐ Trainieren Sie Ihr Improvisationstalent, Ihre Flexibilität und Ihren Einfallsreichtum, das verringert die Furcht vor Unvorhergesehenem.

☐ Reden Sie mit Kollegen über Problemlösungen, statt sich für das Funktionieren der ganzen Abteilung verantwortlich zu fühlen.

Oft stehen hinter Perfektionismus aber auch:

■ Versagensängste

Wenn solche Ängste sehr tief sitzen, Sie dauernd quälen, kann Ihnen eine Therapie wahrscheinlich am besten helfen. Fragen Sie sich: Wie lange habe ich dieses Gefühl schon? Beeinträchtigt es sogar mein Privatleben, meinen Schlaf? Schöpfe ich meine Leistungsfähigkeit bei weitem nicht aus, weil ich mich vor lauter Ängsten und Sorgen nicht auf das Wesentliche konzentrieren kann?

Manchmal nützt es aber schon, die Perspektive zu wechseln. Viel zu oft konzentrieren sich Frauen nicht auf das, was sie können und bereits erreicht haben, sondern auf ihre Schwächen. Sie meinen immer, nicht genug zu tun. Etliche Studien zeigen, dass Männer und Frauen in Bezug auf Leistung genau gegenteilig empfinden: Wir neigen dazu, die Verantwortung für Fehlschläge auf uns zu nehmen, aber nicht für unsere Erfolge – die verdanken wir dem „Glück" oder der Freundlichkeit einflussreicher Leute. Männer hingegen schreiben sich ihre Erfolge selber zu und betrachten Schlappen als Ergebnis verschiedener äußerer Faktoren oder vorübergehender Krisen.

Woran liegt das? Diverse deutsche und internationale Tests ergaben, dass Lehrer (wie auch Eltern) Jungs deutlich mehr Beachtung, Aufmunterung und Lob schenken. Das liegt unter anderem daran, vermuten manche Fachleute, dass Jungen mehr auf Erfolg, Leistung, Verstand getrimmt werden. Und dass ihnen in den ersten Schuljahren die Mädchen in der Entwicklung voraus sind: ruhiger, aufmerksamer, sprachlich begabter. Kurzum: Sie entsprechen eher den Anforderungen. Also fördern die Lehrer eher die Jungs, damit sie Anschluss finden. Sie ermutigen sie, Versagen nicht persönlich zu nehmen, sondern als Ansporn zu betrachten, nicht so schnell aufzugeben. Und das nehmen die Jungen mit ins spätere Leben. Den Mädchen dagegen wird unterschwellig mitgegeben, ihre guten Leistungen seien etwas Selbstverständliches. Geht

Tipps gegen Versagensängste
Streben Sie ein gutes Verhältnis
zum Vorgesetzten an, lassen Sie
sich Ihre Aufgaben genau um-
reißen. Planen und organisieren
Sie jeden Arbeitstag gut durch,
dann passieren weniger Pannen,
Sie sparen Zeit und haben mehr
Durchblick.

etwas schief, sagen sie sich dementsprechend: „Ich bin wohl nicht klug/gut genug."

Legen auch Sie unterschiedliche Maßstäbe an? Dann ändern Sie das! Loben Sie sich im Geiste für das, was Sie leisten, und stellen Sie Ihr Licht nicht unter den Scheffel!

Manchmal ergibt sich so ein Perspektivenwechsel ganz von selbst: Während meines Studiums arbeitete ich für eine Werbeagentur und sollte einmal in einer großen Bank die Idee für eine neue Kampagne präsentieren. Wie ich da so saß im Konferenzraum zwischen sieben Männern, die obendrein alle älter waren als ich, wurde mir innerlich ganz bang vor Beklemmung: Werden die mich für voll nehmen? Aber plötzlich kam mir der Gedanke: Hey, ich bin erst 26 und die einzige Frau hier! Ganz schön beeindruckend! Und meine Agentur traut *mir* zu, dass ich die Kampagne an den Mann bringe! Plötzlich war alles ganz einfach …

Meist jedoch muss man sich bewusst um einen Einstellungswechsel bemühen. Sagen Sie sich und anderen öfter: „Ich weiß, was ich tue – und ich gebe mein Bestes."

Versagensängste können aber auch entstehen, wenn man im falschen Beruf oder auf der falschen Position sitzt: ein ständiges leises Bangen nagt an Ihnen, Ihren Aufgaben nicht gerecht zu werden – und die Angst, dass man Ihnen auf die Schliche kommt. Dagegen können Sie auf zweierlei Weise angehen:

☐ Entweder Sie eignen sich die nötigen Kenntnisse an, um Ihre Arbeit besser im Griff zu haben. Stehen Sie dabei offen zu Ihren Schwächen, statt sich darüber schlaflose Nächte zu bereiten! Beheben Sie sie, wenn's geht, oder lassen Sie sich von Kollegen helfen.

☐ Oder Sie wechseln zu einer Stelle über, die Ihren Fähigkeiten entspricht. Das erfordert natürlich sehr viel Mut – erhöht aber immens Ihr Selbstbewusstsein und Ihre persönliche Zufriedenheit.

■ **Wagen Sie und lernen Sie!**

Angst vor dem Stellenwechsel oder vor neuen Aufgaben im Beruf? Derlei lernen Sie meist nur vor Ort: Indem Sie sich darauf einlassen, indem Sie sich herantasten. Keiner erwartet von Ihnen, dass Sie etwas von vornherein perfekt beherrschen. Stellen Sie Fragen, sammeln Sie Informationen.

Nur wer sich traut, an Neues heranzugehen, kann sich verbessern, entwickeln und am Ball bleiben. Die Welt um uns herum verändert sich ständig, und wenn Sie sich der Chance berauben dazuzulernen, bleiben Sie stehen und sind eines Tages tatsächlich da, wo Sie sich vielleicht heute schon vermuten: Sie sind den Anforderungen nicht mehr gewachsen.

Janice LaRouche kommentiert: „Mir scheint es unmöglich, sich vorwärts zu bewegen, ohne auch Irrwege einzuschlagen. Wenn Sie den Lernprozess richtig verstehen, werden Sie Irrtümer als natürlichen Bestandteil Ihres inneren Wachstums sehen können. Sie werden aufhören, sich selbst Vorwürfe zu machen, und sich statt dessen dafür interessieren, wie es zu dem Missgeschick kommen konnte. Kein aktiver Mensch kommt darum herum, dass gelegentlich etwas schief läuft, nur scheinen die Erfolgreichen eher in der Lage zu sein, Fehlschläge zu akzeptieren und sich der nächsten Aufgabe zuzuwenden."

■ **PR in eigener Sache**

„Sei bescheiden", „Man darf sich nicht in den Vordergrund drängen", „Eigenlob stinkt" – solche Ermahnungen spuken noch in etlichen Frauenköpfen herum und verbieten es ihnen, ihre Leistungen zu präsentieren. Oder spielen sie herunter: „Ist doch nicht der Rede wert", „Jede/r andere hätte das auch hingekriegt." Sie leisten vorzügliche Arbeit, aber keiner merkt es. Und wenn jemand anders die Lorbeeren kassiert, der einfach lauter tönt oder sich entsprechend in Szene setzt, sind sie erschüttert. Die bittere Wahrheit: Manchmal können Sie sich noch so sehr anstrengen, um bestimmte Ziele zu erreichen – ohne entsprechende Eigenwerbung schaffen Sie's einfach nicht. Der Knackpunkt: Die Leute, auf die es ankommt, nehmen sich meist nicht genug Zeit, um sich ausreichend über Ihre Fähigkeiten zu informieren. Stattdessen schätzen sie Sie nach Ihrer Selbstdarstellung ein: Unterlagen/Beurteilungen, Kleidung, Auftreten.

▦ Unterlagen

Falls sich Ihre Leistungen irgendwie zu Papier bringen lassen – Firmengewinne, die auf Ihr Konto gehen, Abschlüsse, Projekte, Beispiele für saubere Arbeit –, verschriften und sammeln Sie sie. Und zwar in einer edlen Mappe. Die können Sie dann einsetzen, wenn es um Beurteilungen, Zeugnisse, Beförderungen und Gehaltserhöhungen geht.

▦ Kleidung

In den Achtzigern war der weibliche Business-Look mehr eine Uniform: strenges dunkles Kostüm (oder Hosenanzug), weiße Bluse und meist irgendwelche Binder um den Hals. Mit dem Ergebnis, dass man im Flughafen für die Bodenhostess gehalten und auf Messen nach dem Weg gefragt wurde. Heute sind die Richtlinien lockerer; wenn Sie ein paar Grundprinzipien befolgen, liegen Sie (fast) immer richtig:

☐ Elegantes Understatement – lassen Sie den extravaganten Designerfummel erst mal im Schrank.

☐ Seien Sie sparsam mit Schmuck, Parfüm, schrillen Farben, Make-up.

☐ In Schlabber-Schlamper- oder Sexy-Hexy-Outfits sind Sie vielleicht gewissen Leuten sympathisch, kommen aber bei der Allgemeinheit selten gut an und werden vor allem nicht für voll genommen.

▦ Auftreten

Manche Frauen, die glauben, auf die Gunst männlicher Kollegen und Vorgesetzter angewiesen zu sein, wenden typische Weibchen-Strategien an: Zurückhaltung, Unterwürfigkeit, zuckersüßer Augenaufschlag, Charme spielen lassen, sehr körperbetonte Kleidung.

Karriereberaterin *LaRouche:* „Manchen Frauen fällt es schwer, ein Image zu vermitteln, das auf Professionalität beruht, weil sie – wie Frauen es seit Jahrhunderten gewohnt sind – Aufmerksamkeit bisher immer nur durch ihre sexuelle oder ‚weibliche‘ Ausstrahlung erringen konnten. Außer in der Sexualität fehlt es ihnen in allen anderen Bereichen an Selbstvertrauen, und wenn sie bei der Arbeit nicht flirten können, fühlen sie sich völlig verloren."

Falls der Arbeitsplatz also nicht grade Ihr Jagdgrund für potentielle Heiratskandidaten ist, verlegen Sie solche Maschen lieber auf die Freizeit. Was Sie im Büro brauchen, ist nicht erotische Zuneigung, sondern Respekt. „Hier kommt es darauf an, sachlich zu sein, Kompetenz auszustrahlen, sich dem anderen gegenüber als gleichwertig zu geben und

Stärke zu zeigen – auch dann, wenn man sich innerlich schwach fühlt", betont der Psychotherapeut *Rolf Merkle*. „In einer Untersuchung zeigte sich, dass Männer es besser verstehen, sich als etwas auszugeben, was sie nicht sind … Wenn Männer etwas nicht zu beherrschen glauben, dann geben sie trotzdem meistens vor es zu können. Frauen sind da viel ehrlicher. Wenn sie glauben, etwas nicht zu können, dann sagen sie das auch – und sind dadurch gegenüber den Männern im Hintertreffen."

Merkle rät: „Lassen Sie die liebevolle Partnerin und Mutter zu Hause, schlüpfen Sie im Betrieb in die Rolle der Geschäftsfrau. Das heißt nicht, dass Sie die Männer imitieren sollen. Sondern dass Sie Ihre weiblichen Qualitäten (Fürsorge, Einfühlungsvermögen usw.) mit einer guten Portion Selbstbehauptung und -vertrauen paaren. Machen Sie sich bewusst: ‚Ich habe ein Recht auf gleiche Bezahlung und Aufstiegschancen wie Männer. Ich habe meine Ausbildung, bin qualifiziert und verdiene, ebenso wie meine männlichen Kollegen gehört und respektiert zu werden.'"

■ *Und wie vertreten Sie dieses Bewusstsein nach außen?*

☐ Spielen Sie nicht das kleine Mädchen. Sie können gern nachhaken, wenn Ihnen etwas unklar ist. Aber Unsichere stellen oft ununterbrochen Fragen, um sicherzustellen, dass sie alles richtig machen, und erinnern so an lästige Kinder. Vertrauen Sie lieber auf Ihre Fähigkeiten und bemühen Sie Ihren Kopf, um herauszufinden, was man von Ihnen erwartet. Benutzen Sie Fachliteratur.

☐ Hilflosigkeit, Anlehnungsbedürfnis und Naivität mögen Ihnen vielleicht rührend weiblich erscheinen. Im Beruf haben sie nichts verloren. Genauso wenig eine fragend klingende Kleinmädchen-Stimme, kindliches Erstaunen, Teeny-Modegags.

☐ Gibt's in der Firma Frauen, die respektiert werden – wie geben, wie kleiden sie sich? Worin unterscheiden sie sich sonst noch von Ihnen?

☐ Bewegen Sie sich im Büro so selbstverständlich, als sei es Ihr Zuhause.

☐ Natürlich sollen Sie nicht mit Ihren Leistungen prahlen. Sondern strategisch Eigenwerbung betreiben. Heben Sie das hervor, was Ihnen zum Erfolg verhalf. Zum Beispiel Ihre Überredungskunst: „Zuerst war der Kunde sehr skeptisch. Aber ich habe ihn mit meinen guten Argumenten schließlich überzeugt."

☐ Frauen tendieren dazu, beim sachlichen Argumentieren zu weit auszuholen – meist, weil sie sich ihrer Sache nicht so sicher sind („Ich hätte da eine Idee, aber vielleicht geht es ja doch nicht, weil …"). Stehen Sie

zu Ihrer Aussage, bringen Sie's kurz und prägnant auf den Punkt – das kommt besser an. Legen Sie Dynamik in das, was Sie sagen.

☐ Lächeln ist gut, aber laufen Sie nicht mit einem Dauergrinsen im Gesicht herum: Man könnte Sie für unsicher, unterwürfig oder sogar für leicht vertrottelt halten. Wenn Sie sich durchsetzen wollen, ist es besser, ein seriös-ernstes Gesicht aufzusetzen. Lächeln Sie mit den Augen, das wirkt zuversichtlich.

☐ Reden Sie nie über Ihre Ängste, Ihre psychischen Probleme oder psychosomatischen Erkrankungen. Auch Weinen, Gefühls- und Wutausbrüche gehören nicht an den Arbeitsplatz.

■ Mehr Spaß am Job

Versuchen Sie, falls Sie nicht gerade den Traumjob innehaben, an Ihrer Arbeit irgendetwas Positives zu finden – machen Sie zum Beispiel ein Spiel daraus, indem Sie darauf abzielen, jeweils Ihre Leistungen vom Vortag zu übertreffen. Oder tun Sie einfach nur so, als ob die Arbeit Spaß macht – klingt paradox, aber es funktioniert tatsächlich. Dadurch nämlich gehen Ihnen Dinge leichter von der Hand, und das hebt wiederum die Laune.

Gewinnen Sie eine andere Sichtweise von Ihrer Tätigkeit. Sie sind „nur" Versicherungsvertreterin? Von wegen! Viele Menschen fühlen sich sicherer durch das, was Sie ihnen verkaufen. „Nur" Boutique-Verkäuferin oder Friseurin? Haben Sie schon mal darüber nachgedacht, wie vielen Menschen Sie dazu verholfen haben, sich attraktiv und wohl zu fühlen? Wenn Sie anfangen, Ihre Arbeit so zu sehen und mit dementsprechendem Elan an sie heranzugehen, wertet das sowohl Ihre Beschäftigung als auch Sie selbst auf. Entwickeln Sie den Anspruch, Qualität zu bieten, sei's mittels einer Dienstleistung oder in Form von Produkten. Fragen Sie sich: In welcher Form dient das, was ich tue, anderen? Und kann/will ich noch mehr dafür tun – um meiner eigenen beruflichen Zufriedenheit willen?

■ Sucht nach Lob

Anerkennung ist uns ein Grundbedürfnis. Sie bestätigt, dass wir unseren Job richtig und gut machen, dass man uns als Arbeitnehmerin und Kollegin schätzt. „In der Kindheit erlernen wir fast alle Werte und Normen über Lob und Tadel", sagt *Dr. Gabi Pörner*, Arbeitspsychologin aus Holzkirchen. So setzen Kinder Lob damit gleich, ob sie „etwas wert" sind. Das steckt auch noch als Erwachsener in einem. Gerade Menschen mit geringem Vertrauen in das eigene Können brauchen Bestätigung von außen als Richtlinie für das eigene Verhalten. Aber: „Wer vom Lob anderer abhängig ist, lebt in der ständigen Angst, es nicht zu bekommen. Er verliert immer: wenn er es nicht erhält, sein Selbstwertgefühl; wenn er es erhält, seinen Selbstrespekt durch die Abhängigkeit vom Urteil anderer und durch eine ‚abgeleitete' Sicherheit, die der Sicherheit des Kindes entspricht", schreibt der Unternehmensberater *Dr. Reinhard Sprenger* in seinem Buch „Mythos Motivation". „Zudem", so *Gabi Pörner,* „birgt die Sucht nach Lob die Gefahr in sich, dass ich mich zum Trottel der Belegschaft mache: sie können mich gnadenlos ausbeuten oder manipulieren, indem sie mich nur loben. Und wenn mir das irgendwann klar wird, sinkt mein ohnehin labiles Selbstvertrauen noch mehr in den Keller." Da hilft natürlich vor allem, wenn man sich und seine Fähigkeiten mehr schätzen lernt (siehe Kapitel 2, „Schluss mit dem negativen Selbstbild" und „Vom Umgang mit Stärken und Schwächen").

Auch weniger Unsichere sind auf positives Feedback angewiesen – schließlich kann man selbst seine Arbeit nicht immer objektiv beurteilen. Etwa als Neuling in einer Firma will man ja wissen, ob der Arbeitgeber mit einem zufrieden ist oder ob baldiger Rausschmiss droht. Aber: Manche Menschen erwarten *ständigen* Applaus. Und zwar für Selbstverständliches – etwa für die rasche und zuverlässige Erledigung ihrer Aufgaben. Dabei gilt es im Berufsleben als normal, dass man ohne viel Aufhebens seinen Pflichten nachkommt. „Vor allem viele Frauen meinen aufgrund geringer Selbstwertschätzung, sie werden zuwenig gelobt", weiß die Psychologin. Wer findet, seine Arbeit werde nicht genug gewürdigt, sollte als Erstes beobachten, ob andere häufiger die Ehre haben (vielleicht ist man in der Firma ja generell sparsam damit!), und falls ja, die eigene Leistung kritisch überprüfen. Außerdem gilt es zu bedenken: Anerkennung äußert sich auch ohne Worte. Indem man anspruchsvollere Aufträge und/oder mehr Gehalt bekommt, immer öfter um Rat gefragt und bei Besprechungen hinzugezogen wird, eigenständige Entscheidungen treffen darf usw.

Leidet man nach all solchen Überlegungen trotzdem noch an Lobdefizit, sollte man sich einen Ruck geben und ein Zwiegespräch mit dem Vorgesetzten wagen. In dem man zum Beispiel fragt: „Wie kommt es, dass Sie mir (bzw. unserer Abteilung) so wenig Lob aussprechen?" oder

„Sind Sie mit meiner/unserer Arbeit zufrieden?" Oder man sagt: „Wenn Sie mir mehr Anerkennung zollen würden, hätte ich mehr Freude an meiner Arbeit und einen Ansporn für bessere Leistungen."

■ Der richtige Umgang mit dem Gelobtwerden

Doch auch mit erteiltem Lob kann es Probleme geben: etwa wenn Ihr Chef Sie vor versammelter Mannschaft lobt. Das ist für so manche Frau eine Zwickmühle. Sagt sie selbstbewusst „Danke" und nimmt die Ehrung an, zieht sie sich vielleicht die Missgunst der Kollegen zu, befürchtet, dass diese hinter ihrem Rücken „Chefs Liebling" munkeln. Erwidert sie bescheiden: „Ich habe nur meine Arbeit getan" oder „Das war doch meine Pflicht", wertet sie ihre Leistung ab. Ein typisch weibliches Verhalten, meint *Gabi Pörner*. Sehr viele Frauen, die heute berufstätig sind, wurden als Kinder in der Wertschätzung ihrer eigenen Fähigkeiten viel weniger gefördert als Jungen. Also können sie sie nicht adäquat beurteilen.

„Da muss man sich bewusst entscheiden", so die Expertin, „will ich beliebt sein, oder will ich mich entwickeln und persönliche Zufriedenheit erlangen? Und man kann sich sagen: Lass sie reden – sie tun's sowieso, egal, ob ich mich exponiere oder ob ich die graue Maus bin." Sagen Sie also ruhig: „Danke, ich freue mich, dass Sie meine Arbeit schätzen."

Eines sollten Sie möglichst nicht tun: protestieren („Ach, das war doch nicht der Rede wert"!). Erstens spricht man dem Spender so die Kompetenz fürs Loben ab, zweitens zwingt man ihn dazu, sein Kompliment nochmals zu bekräftigen. Das muss nicht sein.

Falls Sie aber glauben, ein Lob nicht verdient zu haben, weil Sie den Job Ihrer Meinung nach nicht besonders gut gemanagt haben: Nehmen Sie's trotzdem an (lächelndes Kopfnicken genügt), und fragen Sie sich, ob Sie sich selbst gegenüber nicht zu kritisch sind. Oder unterschätzen Sie Ihre Leistungen, nur weil sie Ihnen leicht fallen?

Und sollten Sie den Eindruck haben, man lobe Sie mit Hintergedanken (um Sie indirekt zu kritisieren oder zu manipulieren), haken Sie am besten nach: „Wie meinen sie das?" oder „Ich glaube fast, Sie wollen mir was anderes sagen."

Sich durchsetzen gegenüber Kollegen

■ Die lieben Kollegen

Mit ihnen verbringen Sie am meisten Zeit, und wie Sie miteinander aus-kommen, entscheidet darüber, ob Sie sich an Ihrem Arbeitsplatz wohl fühlen oder nicht. Es ist schwer, in einem Team den Mittelweg zwischen Anpassung und Abgrenzung zu finden. Manche Menschen sondern sich aus Schüchternheit zu sehr ab. Sie wollen sich nicht aufdrängen, meinen, nicht mitreden zu können, nicht dazuzugehören. Also geben sie sich zugeknöpft. So wird man schnell Zielscheibe für Tratsch und gilt als arrogant. Andere wiederum reden dem Chef zu oft nach dem Mund und verfallen vor ihm in Übereifer. In der Abteilung macht man sich so zum verhassten Streber.

Außenseiter bekommen keine Unterstützung von den anderen, sondern eher Steine in den Weg gelegt. Darum setzen Sie lieber auf Kollegialität statt auf Einzelkämpfertum! Dazu gehört auch, mittags mit den ande-ren zu essen oder ab und an abends noch einen trinken zu gehen. Und Sie müssen die ungeschriebenen Team-Regeln herausfinden und sie dann beachten: Wer hat das Sagen? Herrscht Rauchverbot? Welche Kleiderordnung? (Jeans oder Kostüm? Bunt oder dezent?) Feiert man bestimmte Anlässe? usw. (Tipp: Lesen Sie in Kapitel 5 „Freunde gewin-nen, Freundschaften pflegen".)

Wer sich allerdings anbiedert, sich zu sehr anpasst und unterordnet, gerät schnell in die „Mäuschen-Falle":

■ Habt-mich-lieb statt Professionalität

Frauen, die diese Rolle spielen, geht es weniger darum, gute Arbeit zu leisten, als vielmehr von allen gemocht zu werden. Sie verkaufen sich unter Wert, weil sie niemandem auf den Schlips treten möchten. Folge: Man traut ihnen nichts zu, bürdet ihnen die unbequemen und unbe-liebten Arbeiten auf, macht sie zum Laufburschen und Büroklaven, kurzum: nutzt sie aus.

Sabine Hertwig: „Frauen neigen da zu einer Jammerhaltung: sie klagen, tun aber nichts dagegen. Da können wir von den Männern noch lernen.

Die sagen, ‚jetzt reicht's, nicht mit mir!', und sind eher bereit, die Konsequenz zu tragen – den kurzfristigen Unmut der Kollegen." Wovor sie warnt: Viele Frauen lassen erst das Fass überlaufen, explodieren dann und sind extrem „zickig" oder aggressiv – was die anderen erst richtig vor den Kopf stößt.

◆ Übung

Testen Sie im Rollenspiel (es geht auch ohne reales Gegenüber), wie Sie anderen am besten deutlich machen, dass Sie nicht mehr mitspielen. Und dann überlegen Sie umgekehrt, welche Sätze oder welches Verhalten am besten bei Ihnen ankämen. ◆

Warum ist es für viele Frauen so wichtig, beliebt zu sein? Karrieretrainerin *LaRouche*: „Ich glaube, es kommt daher, dass früher die ganze Zukunft einer Frau davon abhing, wie viel Zuneigung und Wohlwollen ihr entgegengebracht wurde. Sie lebte in einer sehr kleinen Welt mit begrenzten Möglichkeiten und unbegrenzten Vorurteilen. Allzu oft konnte sie sich nur dadurch ein warmes Plätzchen in der Welt schaffen, dass sie es verstand, sich die Liebe ihrer Mitmenschen zu erwerben und zu erhalten …" Früher half uns das über die Runden, heute schadet es uns eher! Zu Hause klappt das vielleicht: dass Sie lieb sind, Konflikte vermeiden und trotzdem ganz gut zurechtkommen. Aber da ist man auch eher bereit, auf Sie Rücksicht zu nehmen. In der Firma nicht unbedingt. Zudem können Sie sich Kollegen und Vorgesetzte nicht aussuchen wie Ihren Freundeskreis. Um zu vermeiden, dass man Sie unterbuttert, müssen Sie Profil zeigen und Grenzen setzen. Doch wie?

☐ Sie müssen nein sagen lernen (siehe Kapitel 3, „Selbstbewusst reden"), dann aber eventuell Alternativen vorschlagen können. Beispiel: Sie weigern sich, jeden Tag für alle Kaffee zu kochen; stellen Sie als Alternative einen Wochenplan für den „Kaffeedienst" auf.

☐ Machen Sie öfter mal die Bürotür zu. Oder grenzen Sie Ihren Arbeitsbereich optisch ab – mit einer Pflanzenwand, mit persönlichen Dingen wie Bildern (bitte möglichst wenig kindlicher Krimskrams – nicht gut fürs Image!) oder indem Sie den Schreibtisch verrücken.

☐ So oft wie möglich sollten Sie Stellung beziehen (auch in kleinen Dingen), eigene Ideen und Ansichten äußern – und nicht davon abrücken! *LaRouche*: „Haben Sie keine Angst davor, zu weit zu gehen oder zu stur zu sein. Die große Gefahr für Sie wie für die meisten Frauen liegt nicht darin, zu aggressiv zu wirken, sondern zu gefügig." (Weitere Tipps finden Sie in Kapitel 5, „Verwandte, Bekannte & Konsorten", Seite 102 ff.)

■ Wenn Kollegen nerven

Ihre Zimmergenossin oder Ihr Kollege qualmt Sie voll, lässt überall schmutziges Geschirr herumstehen, telefoniert lautstark, schiebt Arbeiten auf Sie ab, benutzt Ihre Sachen? Bevor Sie sich beim Chef oder bei anderen Kollegen beschweren, sollten Sie mit der Nervensäge selbst reden – sonst gibt's böses Blut. (Tipps dazu unter „Kritik und Unmut äußern" und „Forderungen stellen" in Kapitel 3, „Selbstbewusst reden".) Machen Sie Vorschläge, versuchen Sie, einen Kompromiss zu finden. Erst wenn das alles nicht fruchtet, bitten Sie Kollegen oder den Betriebsrat um Empfehlungen. Um des Bürofriedens willen sollten Sie den Chef erst zuletzt einschalten. Bemühen Sie sich um Sachlichkeit; wenn Sie schlecht von anderen reden, schaden Sie sich damit nur selbst. ·

■ Brodelt es hinter Ihrem Rücken?

Klatsch und Missstimmungen gibt es in jedem Betrieb. Wenn Sie das Gefühl haben, hinter Ihrem Rücken wird über Sie getuschelt: bitte keine Panik. Erstens täuschen Sie sich vielleicht (es gibt auch noch andere Themen als Sie, und vielleicht haben die Tuschler etwas nur unter sich zu bereden). Zweitens muss es nichts Negatives sein, und wenn doch, so muss das noch lange nicht heißen, dass man gegen Sie intrigiert. Erst wenn man über Wochen Ihren Gruß nicht erwidert, Sie ständig kritisiert, Ihnen Informationen vorenthält, Sie nicht in Feiern und Teambesprechungen mit einbezieht, sollten die Alarmglocken läuten. Dann müssen Sie unbedingt das offene Gespräch mit den Kollegen suchen. Und bei offensichtlichem Mobbing zum Beispiel den Betriebsrat oder eine Vertrauensperson einschalten.

■ Männliche Anmache am Arbeitsplatz

Verweisen Sie einen Kollegen, der Sie belästigt, klar und unmissverständlich in seine Schranken! So sagen Sie's relativ gefahrlos: „Ich möchte, dass unser Verhältnis ein rein kollegiales bleibt" oder „Heben Sie sich das Flirten bitte für Ihr Privatleben auf". Seien Sie freundlich, aber bestimmt, und sagen Sie's ihm unter vier Augen. Geht das nicht, schreiben Sie ihm eine Notiz. Fragen Sie sich (und eventuell ihn) auch, ob Sie ihm Grund für seine Avancen geben.

Sicherheit im Umgang mit Vorgesetzten

Dieser Bereich ist für viele Frauen der schwierigste. Gegenüber Vorgesetzten werden sie klein, ziehen buchstäblich den Kopf ein, verstummen. Woher kommt das? Das Unterbewusstsein setzt den Chef mit Figuren gleich, vor denen man als Kind Angst hatte: tyrannische Lehrer, polternde Nachbarn, öfter aber der Vater, dessen Machtposition häufig von der Mutter gestärkt wurde: „Warte nur, bis der Papa heimkommt, dann kannst du was erleben!"

Zudem impfen viele Eltern und Lehrer den Kindern übertriebenen Respekt vor Autoritäten ein (Botschaft: „Der hat was zu sagen, da hast du zu parieren!"). Anzeichen: Auch als Erwachsene bekommen Sie noch ein leicht mulmiges Gefühl gegenüber Polizisten, Amtsinhabern, Ärzten usw.

Auch Männer erzittern innerlich, wenn sie zum Chef gerufen werden. „Aber sie zeigen es nicht", sagt Diplompsychologe *Jürgen Hesse* vom Büro für Berufsstrategie in Berlin. „Außerdem werden Männer von klein auf dazu angehalten, aggressiv zu sein, in Konfliktsituationen eher die Zähne zu zeigen." Wenn der Vorgesetzte sie ungerecht behandelt oder zur Schnecke macht, wehren sie sich viel öfter als Frauen. Die ducken sich eher – und leiden unter ihrer Macht- und Sprachlosigkeit. *Jürgen Hesse* rät: „Gehen Sie Ihrem übermäßigen Autoritätsdenken auf den Grund. Gibt es da Schlüsselerlebnisse? Was wird da mobilisiert, was eigentlich nicht mehr in Ihr jetziges Leben gehören sollte?" Manchmal hat man dieses Problem nur bei einem bestimmten Vorgesetzten: Irgendwelche Eigenschaften an ihm erinnern einen unterbewusst an jemanden, der einen runtergemacht hat, der einem das Gefühl gab, klein, unfähig und hilflos zu sein.

◆ **Übung**
Besprechen Sie Ihr Problem mit einem Familienmitglied. Falls das nicht geht: mit engen Freunden oder einem Therapeuten. Versuchen Sie, zumindest im Geiste ein anderes Verhältnis zu dieser „Machtperson" aus Ihrer Kindheit zu bekommen. ◆

Heben Sie Höhergestellte auf ein Podest, auf dem diese groß, allmächtig und unerreichbar erscheinen? Dann heißt es, sie da wieder runterzuholen. „Betrachten Sie Ihre Vorgesetzten auch mal kritisch", empfiehlt Fachmann *Hesse,* „als Menschen mit all ihren Schwächen. Wenn's einem hilft, kann man sie sich nackt vorstellen, ohne schicken Anzug und Statussymbole, oder wie sie Sex haben. Das sind auch nur arme Würstchen – also kein Anlass, sich vor ihnen klein zu machen."

Aber was tun, wenn man auf seinen Job angewiesen ist und einen dauerbrüllenden Vorgesetzten hat, der einen ständig fertig macht? „Bedenken Sie, dass ein bissiger, bellender, unbeliebter Chef mit hoher Wahrscheinlichkeit ein ungeliebtes Kind war. Über das Mitleid werden Sie vielleicht auch ein wenig immun gegen seine Tiraden." Und Sie müssen ihm zeigen, dass das Maß voll ist. Nehmen Sie all Ihren Mut zusammen, sprechen Sie mit ihm unter vier Augen (und wenn Sie die Sekretärin um einen Termin bitten müssen!): „Ich mache zwar nicht immer alles richtig, aber das ist kein Grund, so mit mir umzugehen. Ich wünsche das in Zukunft nicht mehr." Schreien Sie nicht (wer schreit, hat Unrecht!), ducken Sie sich nicht, behalten Sie immer im Kopf: Ich habe das Recht, mit Respekt behandelt zu werden. Versuchen Sie, ruhig und gefasst zu sein. Und dann, mit einem „Das war alles, was ich sagen wollte – bitte denken Sie darüber nach", lassen Sie ihn stehen, bevor er zum Gegenschlag ausholen kann.

Angst, Ihr Chef könnte sich rächen oder noch fieser werden? „Wahrscheinlich nicht", sagt Psychologe *Hesse.* „Je aggressiver jemand auftritt, desto mehr Probleme hat er mit seinem Selbstwertgefühl, desto leichter ist er auch zu treffen. Er weiß ja, mit wem er's machen kann und mit wem nicht. Wenn Sie ihm zeigen, wo Ihre Grenzen sind und dass Sie sich nicht alles gefallen lassen, wird er sich das merken." Natürlich ist es am besten, den Anfängen zu wehren – also einem neuen Vorgesetzten von Anfang an klarzumachen: Mit mir nicht! Aber selbst später ist besser als nie: Dann kommt es darauf an, ihn zu überraschen und zu beeindrucken.

Leichter gesagt als getan, wenn einem allein bei dem Gedanken die Knie zittern. Falls dem so ist: Tasten Sie sich heran. Üben Sie die Szene mit einer Freundin. Mal ist sie der Boss, mal sind Sie es. Dann üben Sie an „leichteren Opfern", Kritik und Unmut zu äußern (Anleitung und Beispiele finden Sie im Kapitel „Selbstbewusst reden"). Wer jahrelang Mäuschen war, wird nicht über Nacht zur Löwin – aber Training hilft!

Danach sind Sie reif für die Couch ... die Ihres Chefs. Doch halt! Setzen Sie sich nicht hin! Denn nach Ihrer Ansprache verlassen Sie ja flugs sein Büro. Aber lassen Sie es nicht wie Flucht aussehen.

◆ Übung 1
Bitten Sie „Autoritäten" um Auskünfte: den Chef, das Finanzamt, die Polizei, Lehrer, Ärzte usw. ◆

◆ Übung 2
Beschweren Sie sich bei einer Behörde, etwa der Stadtreinigung; stellen Sie den Lehrer zur Rede, der Ihr Kind schlecht behandelt hat, den Beamten, der Sie warten lässt usw. ◆

◆ Übung 3
Trauen Sie sich, eine andere Meinung zu vertreten als der Vorgesetzte oder als jemand, der „mehr zu sagen hat" – fangen Sie mit kleinen Dingen an. ◆

Der Rat der Expertin *Janice LaRouche:* „Frauen müssen lernen, Auseinandersetzungen zu riskieren und zu kämpfen. Und sie müssen einsehen, dass Widerspruch – angemessen und zum richtigen Zeitpunkt vorgebracht – ihnen Achtung und sogar Anerkennung einbringen kann."

■ Mit Vorgesetzten reden

☐ Vorgesetzte haben in der Regel wenig Zeit. Suchen Sie möglichst keine Unterredung, wenn der Anvisierte gerade in Eile, unter Druck oder verstimmt ist.

Reden Sie nicht um den heißen Brei herum – das vermittelt den Eindruck, als seien Sie sich Ihrer Sache nicht sicher. Kommen Sie gleich zum Punkt. Wollen Sie etwas haben – mehr Geld, eine Beförderung, mehr Privilegien, mehr Freizeit –, sagen Sie's in klaren Worten.

Beschränken Sie sich dabei auf etwa fünf Sätze, um den Angesprochenen nicht zu überfordern oder zu langweilen. Zudem konzentrieren Sie sich so aufs Wesentliche. 1. Satz: Gesprächsgrundlage herstellen (zum Beispiel „Haben Sie gerade einen Moment Zeit für mich? Ich würde gerne etwas mit Ihnen besprechen"). 2. Satz: Anliegen (zum Beispiel: „Ich bräuchte einen neuen PC"). 3. bis 5. Satz: Argumente. Wenn Sie danach trotzdem auf Ablehnung stoßen, können Sie sich wenigstens sagen: „Ich habe es immerhin versucht." Das erhält die Selbstachtung.

☐ Diplomatie: Geben Sie Ihrem Chef, was er haben will. Ist ihm Effektivität wichtig? Dann bauen Sie diesen Aspekt in Ihre Ansprache ein: „Mit einem besseren Computer könnte ich schneller arbeiten." Hat er eine Profilneurose, ist er ehrgeizig? Dann bauchpinseln Sie ihn, bevor Sie Ihr Anliegen vortragen.

Auch Vorgesetzte möchten akzeptiert werden – berücksichtigen Sie das, und Sie machen automatisch Punkte. Es ist nicht unmoralisch, jemandem Honig ums Maul zu schmieren. Es ist Mittel zum Zweck. Wenn Ihr Gewissen dagegen spricht, denken Sie daran: Mit netten Worten tun Sie Ihrem Gegenüber auch was Gutes.

☐ Angst vor einem unangenehmen Gespräch? Bereiten Sie sich darauf vor, indem Sie alle potentiellen Fragen und Entgegnungen aufschreiben – auch die schlimmsten, die Sie sich denken können! Dann formulieren Sie Ihre Antworten. Am besten ist es, wenn Sie das Ganze im Rollenspiel mit einem vertrauten Menschen proben. Häufig kommt erst da zum Vorschein, was an Ihren Aussagen und Erwiderungen noch verbesserungswürdig ist.

☐ Die amerikanische Kommunikationsberaterin *Dorothy Sarnoff* rät, einem bärbeißigen, einschüchternden Boss mit einer „wohlwollenden" Miene gegenüberzutreten, die besagt: Ich verstehe Sie. *Sarnoff:* „Es übermittelt das Gefühl guten Willens oder positiver Erwartung." Sie wissen ja: Wie man in den Wald hineinruft, so schallt es heraus. Nicht immer, aber immer öfter.

☐ Unterbrechen Sie Ihren Chef nicht, lassen Sie ihn grundsätzlich ausreden. Ganz wichtig: Stellen Sie ihn nie mit Widerrede oder Kritik vor Dritten bloß! Um sein Gesicht zu wahren, wird er nicht nur seine Meinung verbissen verteidigen, sondern seinerseits versuchen, Ihnen eins aufs Dach zu geben.

☐ Wenn der Boss Sie überfährt: „Manch eine Frau ist dann wie gelähmt, weil sie sich von seinem Blick bannen lässt. Es hilft, wenn sie sich kurz abwendet, sich dem Blick entzieht. Erst dann kann sie klarer denken und entscheiden, ob sie gleich reagiert oder es vertagt", weiß die Psychotherapeutin *Dr. Renate Degner.* „Wenn sie zu überrascht ist von dem, was kommt, oder es stürmt zu viel auf sie ein, tut sie sich vielleicht keinen Gefallen, das Problem gleich anzugehen. Aber dann sollte sie sich einen festen Termin vornehmen, wann sie's tun will."

■ Mehr Gehalt fordern

Brave Mädchen glauben, dass man nicht um Geld bitten muss, da Chefs einem schon das zahlen, was man verdient. Falsch. Sie zahlen das, womit sie durchkommen, und freuen sich, wenn sie gute Arbeit für billiges Geld kriegen. Sofern Sie nicht nach Tarif entlohnt werden, müssen Sie vehement hinterher sein, um Ihr verdientes Scherflein zu bekommen. Viele Frauen fühlen sich unbehaglich, wenn es um Finanzielles geht: „Über Geld spricht man nicht." Oh doch, *Sie* sprechen über Geld!

Zuerst kommen Ihnen vermutlich die Zweifel: „Ist meine Arbeit wirklich mehr Geld wert?" Bewerten etwa auch Sie Frauenarbeit niedriger als Männerarbeit? Denken Sie in männlichen Dimensionen! Sie müssen nicht die Beste in Ihrer Abteilung sein, um eine Lohnerhöhung zu verdienen – es reicht, wenn Ihre Erfolge messbar, sichtbar, aufzählbar sind. Wie viel Gehalt wollen Sie? Was verdienen Ihre männlichen Kollegen? Legen Sie die Latte ruhig hoch an! Sprechen Sie den Betrag zu Hause laut aus. Gewöhnen Sie sich an den Gedanken, dass Sie 3 000, 5 000, 7 000 Mark oder wie viel auch immer wert sind.

Ein weiteres Problem: Sie wollen nicht als gierig erscheinen, nicht abgewiesen oder ausgelacht werden. „Aber wenn Sie das Gespräch in dem Bewusstsein beginnen, dass Ihre Forderung vernünftig ist, und wenn Sie Ihr Gefühl für Ihren Wert aufrechterhalten können – ganz gleich, was Ihr Chef dazu meint –, dann werden Sie in der Lage sein, Ihre Verhandlungsposition und Ihre persönliche Würde behaupten zu können. Schlimmstenfalls sind Sie einfach unterschiedlicher Meinung", so Karriereberaterin *LaRouche.*

> ☐ **Überrumpeln Sie Ihren Chef möglichst nicht mit dem Gehaltsgespräch. Besser: vorher um einen Termin bitten mit Angabe des Grundes.**
> ☐ **Wählen Sie einen günstigen Zeitpunkt, etwa, wenn die Firma gerade einen satten Gewinn eingestrichen hat oder Sie etwas Besonderes geleistet haben.**

◆ Übung

Spielen Sie in Gedanken alle Einwände durch, die Ihr Chef haben könnte, und überlegen Sie sich dazu eine freundliche, selbstbewusste Antwort. Üben Sie das im lauten Selbstgespräch oder mit einer Freundin. Sammeln Sie drei bis vier stichhaltige Argumente, die Sie Ihrem Vorgesetzten (eventuell schriftlich) unterbreiten werden: Sie bekommen seit zwei Jahren denselben Lohn, Sie haben neue Aufgaben übernommen, Sie vertreten Ihren Boss ab und zu, Sie machen unbezahlte Überstunden etc. Als Letztes sagen Sie, dass Sie vorhaben, noch lange im Betrieb zu bleiben und Gutes zu leisten – wofür mehr Gehalt der beste Ansporn wäre! Achten Sie dabei auf Tonfall und Körpersprache. ◆

■ Sie kommen einfach nicht nach oben

Sie liefern seit Jahren anstandslose Arbeit ab, aber bei jeder Beförderung übergeht man Sie. Woran liegt das nur? Nehmen Sie das Anforderungs-profil der nächsthöheren Stelle genau unter die Lupe. Fragen Sie, wenn's sein muss, jemanden aus, der diese Position inne hat. Besitzt er/sie Qualitäten/ Fähigkeiten, die bei Ihnen zu wenig ausgeprägt sind? Zum Beispiel Durch-setzungsvermögen, Verantwortungs-bewusstsein, Entschluss- oder Kon-taktfreude? Oder aber Rücksichts-losigkeit, Härte und die Fähigkeit, andere in Grund und Boden zu reden? Dann entscheiden Sie, ob das Eigen-schaften sind, die Sie entwickeln wollen (siehe die entsprechenden Kapi-tel in diesem Buch).

> Zielsicheres Auftreten kann nicht schaden! Gestalten Sie Ihr Outfit so, als befänden Sie sich schon in der höheren Position. Beachten Sie auch das Kapitel „Selbstbewusste Körpersprache" und den Punkt „PR in eigener Sache" im Kapitel „Erfolg und Zufriedenheit im Job".

Sie verfügen schon über die erforderlichen Qualitäten? Dann zeigen Sie das! Vielleicht bietet Ihr derzeitiger Job passende Aufgaben dafür. Oder Sie übernehmen freiwillig Arbeiten, die eher zur angestrebten Stelle gehören (möglicherweise können Sie jemanden auf dieser Position fra-gen, ob Sie ihr/ihm etwas abnehmen können – aber bitte nur solche Dinge, die Ihre Eignung herausstellen). Entwickeln Sie Ideen und Initia-tive!

■ Wenn der Boss auf Ihnen herumhackt

Ist auch Ihre erste Reaktion auf heftige Kritik von oben ein Kloß im Hals und feuchte Augen? Dann machen Sie sich klar, dass hier nicht der Papa mit dem kleinen Mädchen schimpft, sondern ein Mensch mit ein biss-chen mehr Macht bessere Arbeit von Ihnen will. Drückt er es auf

respektlose Art aus oder ist er ungerecht, sollten Sie ihn als Erstes darauf hinweisen. Und dann entschärfen Sie seinen Angriff mit sachlichen Argumenten, statt den Kopf einzuziehen und zu schmollen (siehe auch „Kritik einstecken" im Kapitel „Selbstbewusst reden").

Aber: Manchmal kann man seinem Vorgesetzten nichts mehr recht machen. Er hackt nur noch auf Sie ein. Und Sie fragen sich allmählich selbst, ob Sie wirklich so eine Flasche sind. Auf jeden Fall werden Sie in seinem Beisein immer unsicherer. Und auf solchen Menschen trampeln Mächtigere besonders gern herum.

Empfehlung: Versuchen Sie zunächst einmal, sich ihm anzupassen und Ihren Einsatz zu verstärken. Seien Sie dabei betont freundlich. Das fällt zunächst schwer, aber Sie müssen das Ruder herumreißen.

Hilft das alles nicht, reden Sie ein ruhiges Wörtchen mit ihm: dass es Sie verunsichert und nervös macht, wenn er Sie anschreit, und dass Ihnen dann mehr Fehler unterlaufen. Fragen Sie konkret, was Sie anders oder besser machen können, damit er Sie nicht mehr so oft kritisiert. Und dann richten Sie sich danach. Falls Sie das nicht können, weil Sie's einfach nicht einsehen, sollten Sie sich nach einem anderen Job umsehen.

■ Ihr Chef halst Ihnen zu viel auf

Vorgesetzte merken schnell, wenn Sie nicht nein sagen können, und schieben Ihnen all die lästigen Arbeiten zu, zu denen sie selber keine Lust haben oder die sie keinem ihrer selbstbewussteren Mitarbeiter aufdrücken wollen.

Und Sie schlagen ihm nichts ab, weil Sie fürchten, bei ihm in Misskredit zu geraten oder gar Ihren Stuhl ins Wanken zu bringen.

Zuerst sind Sie vielleicht sogar geschmeichelt, dass Ihr Chef Ihnen viele Aufgaben zuteilt: Sie fühlen sich gebraucht und unentbehrlich. Aber wenn es erst einmal zur Selbstverständlichkeit geworden ist, dass Sie stets Mehrarbeit annehmen, werden Sie dann deutliche Missbilligung ernten, wenn Sie doch einmal etwas ablehnen. Und danach befürchten Sie noch mehr, in Ungnade zu fallen, und sagen nie mehr nein.

■ Die Folgen ständigen Jasagens:

Problem Nummer 1: Sie kommen mit der Arbeit nicht mehr nach, und wenn Sie Pech haben, kriegen Sie nur noch die „Drecksarbeit" statt interessanter Aufgaben und Beförderungen. Gegenmittel: Bitten Sie Ihren Chef um ein Gespräch. In der Unterredung sagen Sie offen, dass

Sie in der Vergangenheit zu viel Zusatzarbeit angenommen haben, aber dass es so nicht weitergehen kann – sie würden sich zusehends verzetteln und könnten sich zu wenig auf Ihren eigentlichen Job konzentrieren. Machen Sie deutlich, dass Sie gute Arbeit leisten wollen – aber das gehe eben nur, wenn Sie nicht dauernd nebenher noch Kleinkram erledigen müssten. (Tipp: Bearbeiten Sie den Abschnitt „Nein sagen lernen" im Kapitel „Selbstbewusst reden".)

Problem Nummer 2: Sie schieben täglich Überstunden, weil er Ihnen regelmäßig kurz vor Feierabend einen Packen Arbeit aufbürdet: „Das muss noch dringend erledigt werden." Wut steigt in Ihnen hoch, Sie denken: immer ich. Ich mag nicht mehr. Aber wenn ich's nicht erledige, hält er mich für faul und unkooperativ. Lösung: „Können Sie mir bitte sagen, was davon wirklich noch heute erledigt werden muss?" Meist stellt sich heraus, dass das wirklich Dringende nur wenig Zeit beansprucht – den Rest machen Sie morgen.

■ So festigen Sie Ihren Stand im Betrieb

☐ Finden Sie heraus, worauf der Vorgesetzte Wert legt. Auf Selbstständigkeit und Eigeninitiative oder auf Zusammenarbeit und Unterordnung? Auf Kreativität und Ideen oder auf akkurates Arbeiten? Und: Gibt es Dinge, die er ungern tut oder nicht gut kann? Können Sie ihm etwas davon abnehmen? Natürlich sollen Sie sich nicht anbiedern – das kommt bei den meisten Chefs nicht gut an und bei den Kollegen schon gar nicht. Seien Sie kooperativ und setzen Sie Ihre Fähigkeiten ein.

☐ Eignen Sie sich Spezialkenntnisse an, die Sie fast unentbehrlich machen. Klemmt es irgendwo im Betrieb oder stehen neue Aufgaben an? Da haken Sie ein. So haben Sie einen sichereren Stand und Vorgesetzte können Ihnen nicht so viel anhaben.

☐ Machen Sie sich schlau, welche Rechte Sie als Arbeitnehmerin haben; mithilfe von Büchern oder des Betriebsrats. So manches, was Sie befürchten mögen, kann schon rein rechtlich gar nicht eintreten.

Lassen Sie sich nicht unterkriegen!

Nicht jeder freut sich darüber, dass Sie jetzt zu sich stehen und das auch nach außen hin vertreten. Erwarten Sie nicht, dass Ihre Mitmenschen sich ändern, nur weil Sie ein anderer Mensch geworden sind. Ihre Wandlung wird so manches Mal auf Widerstand stoßen – weil andere neidisch sind, dass Sie sich das (heraus-)nehmen, was sie sich selbst nicht trauen; weil sie ihre eigene „Größe" daraus bezogen haben, Sie als klein zu betrachten; weil sie Sie nicht mehr manipulieren und ausnützen können.

Vor allem Ihnen Nahestehende kennen ja Ihre wunden Punkte und wissen, wie sie sich – bis jetzt – Ihnen gegenüber durchsetzen konnten. Wenn das auf einmal nicht mehr so einfach ist, sticheln sie: „Was ist denn mit dir los? Was sind das für neue Töne!", „ So kennen wir dich ja gar nicht! Was ist denn in dich gefahren?", „ Stell dich doch nicht so an. Du hast dich ganz schön verändert – zu deinem Nachteil", „Bist du jetzt unter die Emanzen gegangen?" Und der Partner fragt vielleicht noch obendrein: „Liebst du mich nicht mehr?"

Rechnen Sie fest mit solchen Reaktionen. Ihre Mitmenschen haben bislang von Ihrer Unsicherheit profitiert. Das lassen sie sich nicht kampflos wegnehmen. Man will Ihnen das Gefühl geben, dass Sie auf dem falschen Weg und im Unrecht sind. Man gibt Ihnen eins auf den Deckel, um Sie einzuschüchtern und wieder so unsicher zu machen, wie das bequem für die anderen war. Lassen Sie sich nicht beirren! Inzwischen haben Sie ja sicherlich auch erkannt, dass es auf Dauer viel aufreibender ist, immer schön angepasst zu sein, als nach den eigenen Regeln zu handeln.

Am schwierigsten wird's wahrscheinlich mit dem Partner. Vielleicht ist er ja nicht zuletzt deshalb mit Ihnen zusammen, weil Sie bislang so nachgiebig, aufopfernd, zurückhaltend – kurzum: „weiblich-weich" – waren.

Und was sich da jetzt herausschält, ist nicht die Frau, die er wollte. Er hat einfach keine Lust, stärker auf Ihre Spielregeln einzugehen. Seinen Teil zum Haushalt beizutragen. Ihnen mehr Mitbestimmung einzuräumen. Möglicherweise wird er Ihren Wachstumsprozess eher zu verhindern suchen, weil Ihre Schwäche ihm das angenehme Gefühl gab, gebraucht zu werden.

Vielleicht geht die Beziehung kaputt. Auch damit müssen Sie rechnen. Aber mal ehrlich: Haben Sie es nötig, bei einem antiquierten Fossil zu bleiben, das keine selbstsichere, glückliche Frau an seiner Seite erträgt? Dem Ihre Schwächen bis jetzt zum Teil ganz gelegen kamen? Ich flehe Sie an: Fallen Sie aus Angst vor einer Trennung nicht in Ihre alten Verhaltensweisen zurück. Haben Sie Mut zum neuen Ich! Haben Sie Geduld. Ihr Partner, Ihre Familie, Ihre Freunde und all die anderen müssen sich erst daran gewöhnen – und das wird bei der Mehrzahl auch der Fall sein. Der Mensch ist nun mal so gepolt, dass er Unbekanntem und Neuem zuerst mit Argwohn und Ablehnung begegnet.

Es kann natürlich auch sein, dass Sie zur Zeit noch öfter übers Ziel hinausschießen: „Aus Angst, wieder den Kürzeren zu ziehen, und weil man noch nicht über die entsprechende innere Sicherheit und das notwendige Selbstvertrauen verfügt, kann man sein Verhalten auch nicht angemessen dosieren", erklärt der Psychotherapeut *Rolf Merkle*. Resultat ist meist, dass Sie zu forsch vorgehen und aggressiv wirken – vor allem im Vergleich zu Ihrer früheren „Sanftmut". Kann sein, dass Betroffene sich vor den Kopf gestoßen fühlen und unangenehm reagieren. Bitte machen Sie nicht den Fehler, das zu verallgemeinern und zu denken: Mit selbstbewusstem Auftreten bringe ich alle gegen mich auf! Mit der Zeit wird sich das einpendeln, Sie werden automatisch wissen, wo Sie vorpreschen und wo Sie zurückstecken sollten.

Und: Setzen Sie sich nicht unter Druck, immer perfekt selbstsicher zu reagieren. Erstens geht unter Druck vieles daneben, zweitens steht es Ihnen ja jederzeit frei, sich auch mal nicht zu behaupten. Genau darin besteht nämlich der Unterschied zwischen einer selbstbewussten und einer unsicheren Frau: Erstere hat die Wahl, sie handelt immer aus freier Entscheidung. Letztere nicht.

Empfehlenswerte Literatur

Bloom/Coburn/Pearlmann: Die selbstsichere Frau. Anleitung zur Selbstbehauptung. rororo 1989

Brenner, Frank und Doris: Vom Umgang mit Chefs und Kollegen. Humboldt 1991

Carnegie, Dale: Sorge dich nicht, lebe. Scherz 1979/95

Clifton/Nelson: Stärken richtig fördern. Ullstein 1994

Dowling, Colette: Perfekte Frauen. Fischer 1992

Eisler-Mertz, Christiane: Selbstsicherheit durch Körpersprache. Orbis Verlag 1992

Fensterheim/Baer: Sag nicht ja, wenn Du Nein sagen willst. Goldmann 1996

Graff, Sunny: Mit mir nicht! Selbstbehauptung und Selbstverteidigung im Alltag. Orlanda 1995

LaRouche, Janice: Erfolgreich und zufrieden: Frauen im Beruf. Humboldt 1992

Lauster, Peter: So stärken Sie Ihr Selbstbewußtsein. Econ 1995/96

Merkle, Rolf: Laß dir nicht alles gefallen. Pal 1990

Merkle, Rolf: So gewinnen Sie mehr Selbstvertrauen. Pal 1989

Sarnoff, Dorothy: Auftreten ohne Lampenfieber. Campus 1992

Schmidt, Barbara: Lieb mich, Baby. Wie Sie endlich bekommen, was Sie schon immer vom Partner erwartet haben. Mosaik 1991

Tillner/Franck: Selbstsicher reden. Ein Leitfaden für Frauen. Mosaik 1990

Trappe, Marianne: Selbstsicher – selbstbewußt. Humboldt 1994

Register

175